KB028555

모든 언어는 평등하다

지구상의 모든 언어는
인류 공동체 문명 발전의 발자취입니다.
힘이 센 나라의 언어라 해서 더 좋거나 더 중요한 언어가 아닌 것처럼,
많은 사람들이 쓰지 않는 언어라 해서 덜 좋거나 덜 중요한 언어는 아닙니다.

문화 다양성에 따른 언어 다양성은 인류가 서로 견제하고
긍정적인 자극을 주고받으며 소통, 발전할 수 있는 계기가 됩니다.
그러나 안타깝게도 현재 일부 언어가 '국제어'라는 이름 아래
전 세계 사람들에게 강요되고 있습니다.

언어평등의 꿈은 전 세계 모든 언어를 학습할 수 있는 어학 콘텐츠를
개발하는 것입니다. 어떠한 언어에도 우위를 주지 않고, 다양한 언어의 고유
가치를 지켜나가겠습니다. 누구나 배우고 싶은 언어를 자유롭게 선택해서
배울 수 있도록 더욱 정진하겠습니다.

언어평등은 문예림의 아날로그와 디지털을 아우르는
어학 콘텐츠 브랜드입니다.
56년째 언어 생각뿐.

언어평등 시리즈 첫걸음

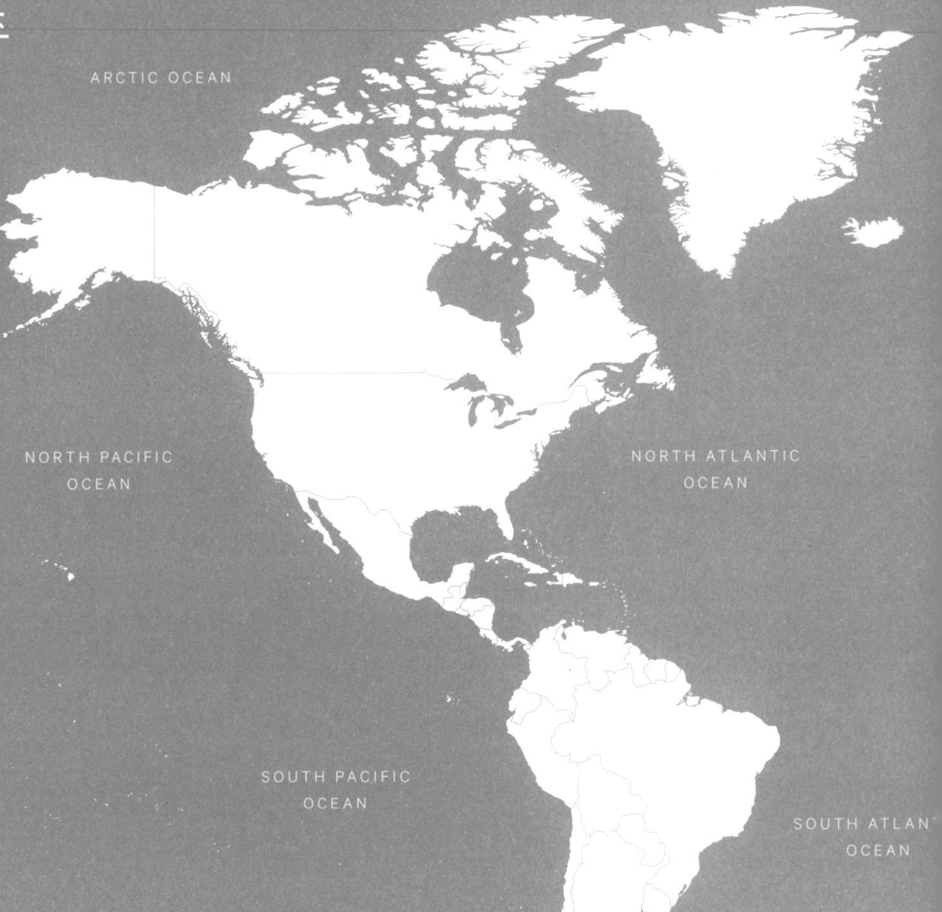

언어평등은 누구나 평등하고 자유롭게 전 세계 모든 언어를 학습할 수 있도록 여러분과 함께 할 것입니다.

인도네시아어는 오스트로네시아어족에 속하며 말레이어가 근본으로 변화한 언어이다. 1928년 10월 29일 민족통합어로써 '인도네시아어'로 처음 명명했으며, 1945년 헌법에 국어로 명시했다.
말레이어의 한 방언이 공용어로 지정되어 말레이시아어와 아주 유사하며 서로 의사소통이 가능할 뿐만 아니라 정서법도 공통으로 사용하고 있다. 말레이시아, 브루나이, 싱가포르의 국어 및 공용어인 말레이어와 방언적 차이만을 지닌 동일한 언어이다.
전 세계 약 2억 6천만 명이 인도네시아어를 사용하고, 약 1억 6천만 명이 모국어로 사용하고 있다.

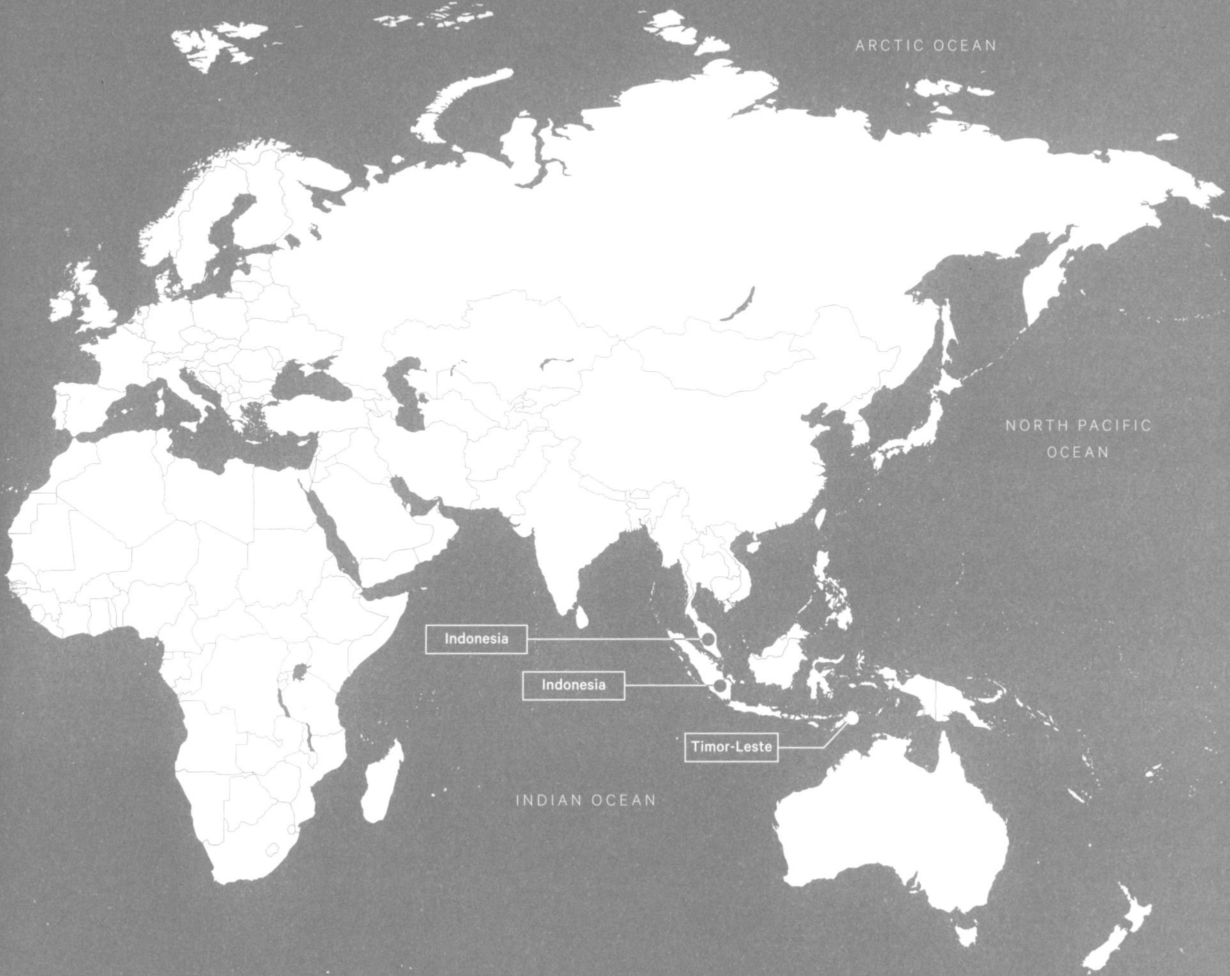
ARCTIC OCEAN
NORTH PACIFIC OCEAN
Indonesia
Indonesia
Timor-Leste
INDIAN OCEAN

동영상 강의 시청하기

언어평등(www.EQlangs.com)에서 구매하면
해당 도서의 강의를 보실 수 있습니다.
저자가 알려주는 언어 이야기도 보실 수 있습니다.

MP3 다운로드 방법

1단계
언어평등(www.EQlangs.com) 사이트
고객센터 - 자료실 - MP3 들어오기

2단계
제목_______________에 찾고자 하는
도서명을 입력 후 검색하세요.

www.EQlangs.com

평등한 언어 세상을 위한 시작

인도네시아어 첫걸음

평등한 언어 세상을 위한 시작

인도네시아어 첫걸음

Panduan untuk dunia bahasa yang setara

Langkah pertama bahasa Indonesia untuk bahasa yang setara

언어평등

평등한 언어 세상을 위한 시작

인도네시아어 첫걸음

초판 1쇄 인쇄 2021년 6월 16일
초판 1쇄 발행 2021년 6월 30일

지은이 하영지
펴낸이 서덕일
펴낸곳 언어평등

기획 서민우 **편집진행 및 교정** 조소영 **본문디자인** 문인주
표지 박정호(TIDM) **부속 디자인** 이유정 **오디오 녹음** 이니스닷컴 **동영상 촬영** 이큐스튜디오
출력 및 인쇄 천일문화사 **제본** 대흥제책

출판등록 2018.6.5 (제2018-63호)
주소 경기도 파주시 회동길 366 3층 (10881)
전화 (02) 499-1281~2 **팩스** (02) 499-1283
전자우편 eqlangs@moonyelim.com
홈페이지 www.EQlangs.com

ISBN 979-11-970617-0-7 (13730)
값 15,000원

머리말

Prologue

한국과 인도네시아 간 외교관계의 지속적인 확대로 대기업을 비롯한 많은 기업들이 인도네시아에 진출하고 있습니다. 출장자, 주재원 및 가족 내외가 인도네시아에 거주하기 시작하면서 현지 정착을 위한 기초 인도네시아어 학습에 대한 수요도 늘고 있습니다.

이에 따라 처음 인도네시아어를 배우는 학습자를 위해 손쉽게 배울 수 있는 인도네시아어 기초 교재에 중점을 맞추었습니다. 각 강의 회화파트에는 일상에서 주로 쓰이는 회화를 주제별로 제시하였고, 격식에서 벗어나지 않도록 다듬었습니다. 필요 상황에 다양한 표현을 자유롭게 할 수 있도록 어휘 역시 주제에 맞추어 수록했습니다.

학습에 지속적인 흥미를 유발하기 위해 필수 문법 중 쉬운 문법을 토대로 설명했고, 해당 문법으로 일상에서 스스로 다양한 표현을 할 수 있도록 문장 형태의 예시를 볼 수 있습니다. 제시된 문장을 패턴 삼아 일상에서 원하는 표현을 자유롭게 할 수 있을 것입니다.

입문 단계에 이어 지속적인 학습을 희망하는 분을 위해 후반부에는 인도네시아어 문법에서 가장 중요한 부분인 접사에 대해 다뤘습니다. 중급 단계에서 어렵게 느껴지는 생소한 접사에 대한 개념을 기초 단계에서 가볍게 다루면서 학습에 대한 흥미를 이끌 수 있도록 했습니다.

각 강에서 학습한 내용은 연습 문제를 통한 복습으로 완벽히 이해할 수 있도록 했습니다. 문장 단위의 듣기 학습은 현지의 빠른 어속의 인도네시아어를 이해하는 데 더 큰 도움이 될 것입니다. 또한 문장 단위의 쓰기 · 읽기를 통해 올바른 문장을 이해하고 말하는 능력을 쌓을 수 있습니다.

본 교재를 엮으면서 학습자의 눈높이로 더 쉽고 바르게 인도네시아어를 이해하면 좋겠다는 고민을 많이 하였습니다. 이러한 고민이 교재에 녹아들어 학습자들이 쉽고 바른 인도네시아어를 배우는 데 도움이 되었으면 하는 바람입니다.

끝으로 본 교재 출판을 위해 많은 정성을 기울여 주신 문예림에 진심으로 감사드립니다. 아울러 GS, 대웅제약을 비롯한 학습자분들의 학습 열정과 수많은 의견에 깊은 감사를 전합니다. 여러분의 열정으로 기초 교재에 대해 깊이 고민하고 좋은 방향으로 집필할 수 있었습니다. 감사합니다.

하영지

Karakter Bahasa Indonesia 알파벳과 발음

문자는 2차적인 기억의 시스템이다

알파벳부터 문장 구조, 접사, 성조 등 학습하며 개괄적으로 인도네시아어를 공부합니다.

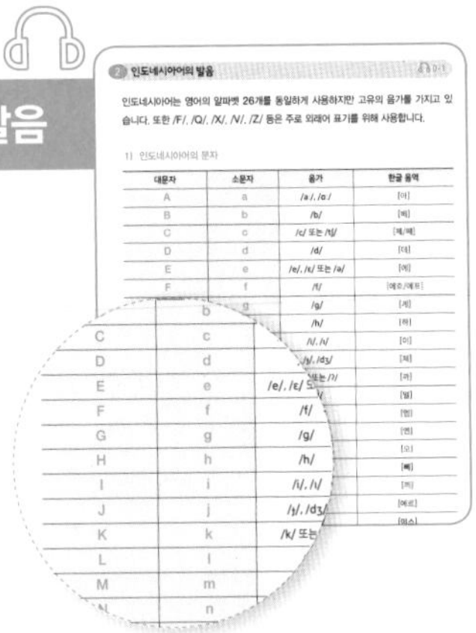

Percakapan 상황 회화

경청은 지혜의 특권이다

각 강의 학습 내용에 기본이 되는 대화문을 상황별로 소개합니다. 초보자의 학습에 도움이 되도록 6강까지는 한국어 독음을 표기하였습니다.

Kosa Kata 어휘

단어의 이미지는 견고하다

각 강의 상황별 대화문에 등장하는 어휘를 정리하였습니다. 이미지를 연상하면서 어휘를 기억하도록 합니다.

Kosakata baru
saya 저/나
siapa 누구
nama 이름
senang 기쁜, 즐거운
berkenalan 알게 되다
dengan ~와
juga 역시, 또한
dari mana
어디로부터, 어디에서
berasal dari ~출신이다
orang 사람, 인간

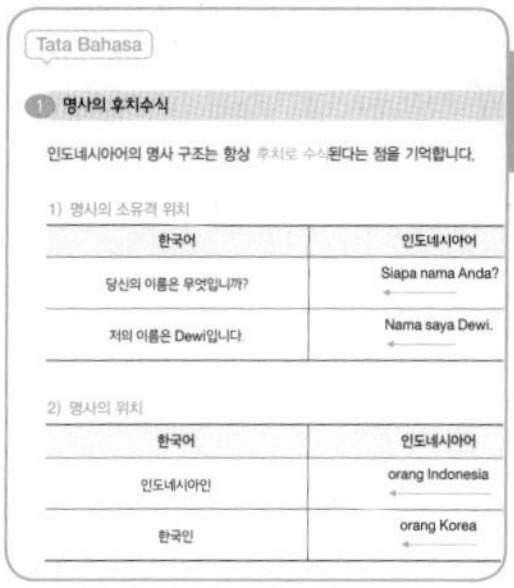
Tata Bahasa

1 명사의 후치수식

인도네시아어의 명사 구조는 항상 후치로 수식된다는 점을 기억합니다.

1) 명사의 소유격 위치

한국어	인도네시아어
당신의 이름은 무엇입니까?	Siapa nama Anda?
저의 이름은 Dewi입니다.	Nama saya Dewi.

2) 명사의 위치

한국어	인도네시아어
인도네시아인	orang Indonesia
한국인	orang Korea

Tata Bahasa 문법

언어의 품사를 품다

각 강의 상황별 대화문에 등장하는 관련 문법을 설명하였습니다. 또한 시제에 따른 동사의 형태와 용법을 실용적인 예문과 함께 학습할 수 있습니다.

Ungkapan

1 인사하기

인도네시아어의 인사는 시간에 따라 네 가지로 나뉘고, 의미는 모두 '안녕하세요'입니다. 친한 사이와 인사할 경우, selamat은 생략하기도 합니다.

- (Selamat) pagi. 안녕하세요.(아침인사)
- (Selamat) siang. 안녕하세요.
- (Selamat) sore. 안녕하세요.(오후인사)
- (Selamat) malam. 안녕하세요.

2 헤어질 때

- Dadah~ (dah~) 안녕~ / 잘 가~
- Sampai bertemu lagi. / Sampai jumpa lagi. 다음에 다시 봐요.
- Hati-hati jalan, ya. 조심히 가세요.
- Selamat jalan. 안녕히 가세요.
- Selamat tinggal. 안녕히 계세요.

3 축하표현

Ungkapan 표현

언어의 역동성이 인간을 장악한다

각 강의 핵심내용에 사용되는 표현과 확장 표현을 함께 제시하였습니다.

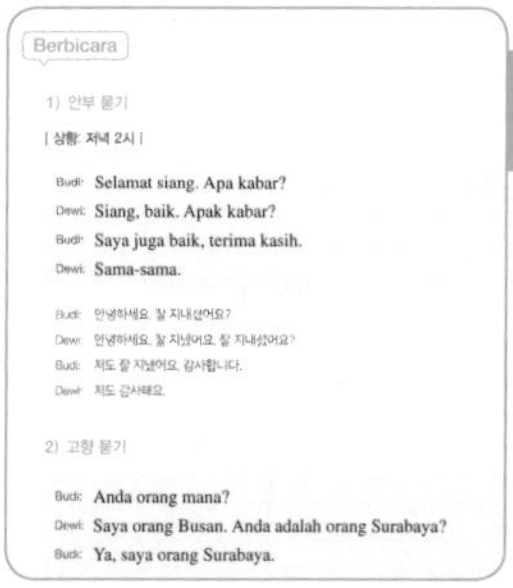
Berbicara

1) 안부 묻기

| 상황: 저녁 2시 |

Budi: Selamat siang. Apa kabar?
Dewi: Siang, baik. Apak kabar?
Budi: Saya juga baik, terima kasih.
Dewi: Sama-sama.

Budi: 안녕하세요. 잘 지내셨어요?
Dewi: 안녕하세요. 잘 지냈어요. 잘 지내셨어요?
Budi: 저도 잘 지냈어요. 감사합니다.
Dewi: 저도 감사해요.

2) 고향 묻기

Budi: Anda orang mana?
Dewi: Saya orang Busan. Anda adalah orang Surabaya?
Budi: Ya, saya orang Surabaya.

Berbicara 응용표현

인류는 소통했기에 생존하였다

각 강에서 학습한 내용을 응용하여 말할 수 있는 다양한 문장을 제시하였습니다. 새로운 어휘와 구문을 통해 문장을 구성하는 응용력을 기릅니다.

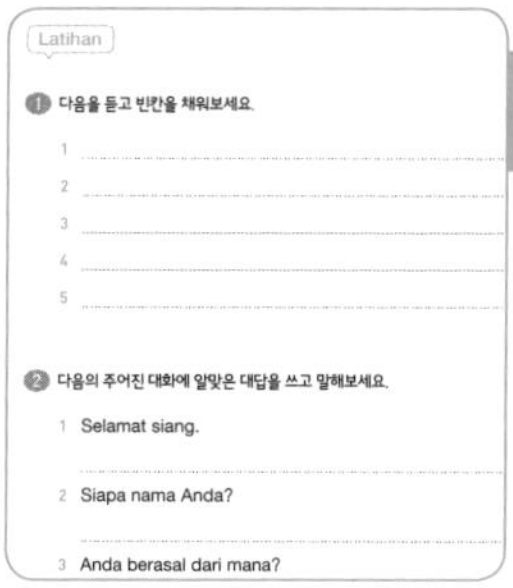
Latihan

1 다음을 듣고 빈칸을 채워보세요.

1
2
3
4
5

2 다음의 주어진 대화에 알맞은 대답을 쓰고 말해보세요.

1 Selamat siang.
2 Siapa nama Anda?
3 Anda berasal dari mana?

Latihan 연습 문제

말할 권리를 절대 옹호한다

각 강에서 학습한 내용을 정리합니다. 인도네시아어를 듣고 말할 수 있는지 스스로 확인하고 복습하도록 합니다.

차 례

Contents

인도네시아어의 이해와 문자

1 인도네시아어의 특징

1) 인도네시아어의 문장 구조

인도네시아어의 문장은 기본적으로 주어 + 동사 + 목적어의 구조로 영어의 문장 구조와 동일합니다.

한국어	인도네시아어
저는 밥을 먹습니다. 주어 목적어 동사	Saya makan nasi. 저는 먹습니다 밥을 주어 동사 목적어

2) 인도네시아어의 부치사

한국어는 후치사의 개념을 가진 반면, 인도네시아어는 영어와 동일한 전치사 개념을 가지고 있습니다.

한국어	저는 학교에 갑니다.
인도네시아어 어순변환	저는 갑니다. 학교에
인도네시아어의 후치적용	저는 갑니다. 에학교 (Saya pergi ke sekolah.)

3) 인도네시아어의 소유격

한국어와 영어는 명사의 소유격을 나타낼 때 선치수식의 형태로 쓰이는 반면, 인도네시아어는 그 반대인 후치수식의 형태로 쓰이므로 유의해서 학습해야 합니다.

한국어 선치수식	인도네시아어 후치수식 (한국어와 반대)
인도네시아 + 어 = 인도네시아어	어 + 인도네시아 = bahasa Indonesia
볶음 + 밥 = 볶음밥	밥 + 볶음 = nasi goreng

4) 인도네시아어의 접사

접사는 인도네시아어 문법 학습에서 가장 중요한 부분입니다. 접사에 개념에 대한 정의는 아래와 같습니다.

사전적 정의 (표준국어대사전)

(1) **어근:** 단'어'의 뿌리(= 근: 根)라는 의미로, 단어를 분석할 때 실질적 의미를 나타내는 중심이 되는 부분이다.

(2) **접두사:** 어근의 머리(= 두: 頭)에 접한다는 의미로, 단어의 앞에 붙어 품사를 결정한다.

형태	어근	명사 접두사 pe-	동사 접두사 ber-
단어	ajar	pelajar	belajar
의미	교육	학습자	공부하다

(3) **접미사:** 어근의 꼬리(= 미: 尾)에 접한다는 의미로, 단어의 뒤에 붙어 품사를 결정한다.

형태	어근	명사 접미사 -an	동사 접미사 -kan
단어	ajar	ajaran	mengajarkan
의미	교육	가르침	~을 가르치다

(4) **접환사:** 접두-접미사가 어근에 함께 붙는 경우이다.

형태	어근	per - an	peN - an
단어	ajar	pelajaran	pengajaran
의미	교육	수업	가르침

인도네시아어를 이해하는 데에 있어 가장 중요한 것 중 하나는 이러한 접사 체계를 올바로 이해하는 것입니다. 기초단계인 본 교재에서는 중급수준 문법인 접사에 대해 구체적으로 다루지는 않으나, 인도네시아의 중요 문법에 접사 체계가 있다는 부분에 대한 이해는 반드시 필요합니다.

5) 인도네시아어의 성조

성조가 있다는 것은 음의 높낮이에 따라 단어의 의미가 달라진다는 것을 의미합니다. 예를 들어 '쌀'이라는 단어를 음계의 '도' 톤으로 이야기할 때와 '솔' 톤으로 이야기할 때 각각의 의미가 달라진다면 해당 언어는 성조를 가진 언어입니다. 중국어, 베트남어, 태국어 등이 성조가 있는 대표적인 언어입니다. 인도네시아어는 한국어와 마찬가지로 성조가 없고, 억양을 가지고 있습니다.

6) 인도네시아어의 시제

시제란 시간을 나타내는 표현입니다. 한국어는 동사 자리에서 시제가 나타나며, 인도네시아어는 영어처럼 조동사 자리에서 시제 표현이 가능합니다.

(1) 미래시제의 예

한국어	저는 학교에 갈 것입니다.
인도네시아어 어순변환	저는 갈 것입니다. 학교에
인도네시아어 적용	저는 갈 것입니다. 에학교 (Saya akan pergi ke sekolah.)

(2) 현재완료시제의 예

한국어	저는 밥을 먹었습니다.
인도네시아어 어순변환	저는 먹었습니다. 밥을
인도네시아어 적용	저는 먹었습니다. 밥을 (Saya sudah makan nasi.)

2 인도네시아어의 발음

0-1

인도네시아어는 영어의 알파벳 26개를 동일하게 사용하지만 고유의 음가를 가지고 있습니다. 또한 /F/, /Q/, /X/, /V/, /Z/ 등은 주로 외래어 표기를 위해 사용합니다.

1) 인도네시아어의 문자

대문자	소문자	음가	한글 음역
A	a	/aː/, /ɑː/	[아]
B	b	/b/	[베]
C	c	/c/ 또는 /tʃ/	[체/쩨]
D	d	/d/	[데]
E	e	/e/, /ɛ/ 또는 /ə/	[에]
F	f	/f/	[에흐/에프]
G	g	/g/	[게]
H	h	/h/	[하]
I	i	/i/, /ɪ/	[이]
J	j	/ɟ/, /dʒ/	[제]
K	k	/k/ 또는 /ʔ/	[까]
L	l	/l/	[엘]
M	m	/m/	[엠]
N	n	/n/	[엔]
O	o	/o/, /ɔ/	[오]
P	p	/p/	[뻬]
Q	q	/k/, /q/	[끼]
R	r	/r/	[에르]
S	s	/s/	[에스]
T	t	/t/	[떼]
U	u	/u/, /ʊ/	[우]
V	v	/v/, /f/	[페/훼]
W	w	/w/	[웨]
X	x	/s/, /ks/	[엑스]
Y	y	/j/	[예]
Z	z	/z/	[젯]

2) 인도네시아어의 모음과 자음

(1) 모음: 인도네시아어의 모음은 크게 /A/, /E/, /I/, /O/, /U/ 5가지가 있습니다.

모음	음가	발음 예
A / a	[아]	apa[아빠], pagi[빠기], siapa[시아빠]
E / e	[에]	eja[에자], kereta[끄레따], kafe[카페]
	[으/어]	mereka[므레까], pose[포스]
I / i	[이]	ikan[이깐], bisa[비사], janji[잔지]
O / o	[오]	orang[오랑], kota[꼬따], bakso[박소]
U / u	[우]	uji[우지], muka[무까], kamu[까무]

(2) 자음: 인도네시아어의 자음은 영어와 유사한 발음도 있지만 그렇지 않은 발음도 있습니다. 특히 /C/, /K/, /P/ /T/의 발음은 한국어의 /ㅉ/, /ㄲ/, /ㅃ/, /ㄸ/와 가깝게 발음합니다.

자음	음가	발음 예
B / b	[베]	baca[바짜], babi[바비], sebab[스밥]
C / c	[체/쩨]	curi[쭈리], suci[수찌], cuci[쭈찌]
D / d	[데]	dari[다리], padi[빠디], murid[무릳]
F / f	[에흐/에프]	film[필름], sifat[시팟], tarif[따맆]
G / g	[게]	gaji[가지], agak[아각], gudeg[구득]
H / h	[하]	hari[하리], mahal[마할], mudah[무다ㅎ]
J / j	[제]	jalan[잘란], ajar[아자르], janji[잔지]
K / k	[까]	kaki[까끼], belok[벨록], kakak[까깍]
L / l	[엘]	lari[라리], belok[벨록], moral[모랄]
M / m	[엠]	mandi[만디], umur[우무르], malam[말람]
N / n	[엔]	nanti[난띠], Anda[안다], kanan[까난]
P / p	[뻬]	pagi[빠기], lupa[루빠], lembap[름밥]
Q / q	[끼르]	quran[꾸란], qari[까리]
R / r	[에르]	rajin[라진], lari[라리], luar[루아르]
S / s	[에스]	susah[수사ㅎ], bakso[박소], tas[따스]
T / t	[떼]	tadi[따디], cinta[찐따], ketat[끄땃]

V / v	[페/훼]	vas[파스], universitas[우니베르시따스]
W / w	[웨]	wanita[와니따], hewan[헤완], bawa[바와]
X / x	[엑스]	-
Y / y	[예]	yakin[야낀], bayar[바야르], bayi[바위]
Z / z	[젯]	zaman[자만], ziarah[지아라]

3) 인도네시아어의 이중모음과 이중자음

(1) 이중모음: 이중모음은 입을 벌린 상태에서 두 가지의 소리가 한번에 나는 소리로 한 음절에 두 소리가 납니다.

문자	음가	발음 예
ai	[아이]	air[아이르], pantai[빤따이], sungai[숭아이]
au	[아우]	saudara[사우다라], pulau[뿔라우]
oi	[오이]	sepoi-sepoi[스뽀이-스뽀이]

(2) 이중자음: 이중자음은 한국어로 가까운 음에 대해 표기가 어려우므로 듣기와 병행하여 학습하면 좋습니다.

문자	음가	발음 예
kh	[크ㅎ]	khusus[쿠수스], akhir[악히르]
ng	[받침소리 'ㅇ']	ngaben[응아벤], bunga[붕아], gabung[가붕]
ny	[늬]	nyaman[냐만], banyak[바냑], nyanyi[냐늬]
sy	[싀]	syukur[슈쿠르], asyik[아싁]

PELAJARAN 01

소개

Nama saya Dewi.

저는 데위입니다.

Percakapan

1-1

Dewi: **Selamat pagi, saya Dewi. Siapa nama Anda?**
슬라맛 빠기, 사야 데위. 씨아빠 나마 안다?

Budi: **Pagi, nama saya Budi. Senang berkenalan dengan Anda.**
빠기, 나마 사야 부디. 스낭 버르끄날란 등안 안다.

Dewi: **Saya juga. Anda berasal dari mana?**
사야 주가. 안다 버르아살 다리 마나?

Budi: **Saya berasal dari Surabaya, Indonesia.**
사야 버르아살 다리 수라바야, 인도네시아.

Dewi: **Oh, begitu! Saya juga orang Surabaya.**
오, 브기뚜! 사야 주가 오랑 수라바야.

Dewi: 좋은 아침입니다, 저는 데위예요. 성함이 어떻게 되세요?
Budi: 좋은 아침이에요, 제 이름은 부디예요. 만나 뵙게 되어 반갑습니다.
Dewi: 저도요. 당신은 어디 사람이에요?
Budi: 저는 인도네시아 수라바야 출신이에요.
Dewi: 아, 그렇군요! 저도 수라바야 사람이에요.

Kosakata baru

saya 저/나
siapa 누구
nama 이름
senang 기쁜, 즐거운
berkenalan 알게 되다
dengan ~와
juga 역시, 또한
dari mana 어디로부터, 어디에서
berasal dari ~출신이다
orang 사람, 인간

Tata Bahasa

1 명사의 후치수식

인도네시아어의 명사 구조는 항상 후치로 수식된다는 점을 기억합니다.

1) 명사의 소유격 위치

한국어	인도네시아어
당신의 이름은 무엇입니까?	Siapa nama Anda? ←
저의 이름은 Dewi입니다.	Nama saya Dewi. ←

2) 명사의 위치

한국어	인도네시아어
인도네시아인	orang Indonesia ←
한국인	orang Korea ←

한국어	인도네시아어
인도네시아어 책	Buku bahasa Indonesia ←
한국어 책	Buku bahasa Korea ←

2 Kata Ganti Orang 인칭대명사

인도네시아어의 인칭대명사는 주격, 소유격, 목적격 등에 따른 격변화가 없습니다. 대신 앞서 학습한 것처럼 소유격은 어순에서 후치수식을 통해 나타냅니다.

구분		1인칭	2인칭	3인칭
단수	격식	saya 저	Anda 당신 Bapak (씨 ≒ Mr) Ibu (씨 ≒ Ms)	beliau 그분 bapak (씨 ≒ Mr) ibu (씨 ≒ Ms)
	일반	aku 나	kamu 너	dia 그
복수	격식	kita 우리(청자 포함) kami 우리/저희(청자 제외)	Anda sekalian 여러분	beliau sekalian 그분들
	일반		kamu sekalian kalian 너희들	mereka 그들

1) bapak과 ibu

인도네시아에서는 보통 사람을 부를 때 이름으로 부릅니다. 따라서 상대방을 부를 때 철수 '씨', 영희 '씨' 등과 같이 '~씨'에 해당하는 단어인 bapak(남자)과 ibu(여자)를 상대방의 이름 앞에 붙여 부릅니다.

남자: bapak Budi　　여자: ibu Dewi

2) 2인칭의 문장 표기

인도네시아어의 2인칭은 문장 어디에 위치하든지 대문자로 표기합니다. Bapak과 Ibu의 경우, 예를 들어 Budi에게 직접 글을 쓸 때에는 Bapak Budi로 표기하고, Budi가 아닌 Dewi에게 글을 쓰면서 Budi에 대해 이야기 할 때에는 bapak Budi로 표기해야 합니다.

3) 1인칭 복수 형태의 구분

인도네시아어의 1인칭 복수 형태는 대화를 듣는 상대방이 포함될 경우에는 kita, 포함되지 않는 경우에는 kami를 활용합니다. 한국어의 '우리'의 쓰임을 생각해보면 이해하기 쉽습니다.

예 1

① 대한민국 대통령이 서울에서 한국 시민을 만나 "우리는 한국인입니다."라고 말할 때

- **Kita** orang Korea. 우리는 한국인입니다.

→ 해당 표현의 '우리'에는 대화를 듣는 당사자인 시민이 포함됩니다. (청자 포함)

② 대통령 회담 중 대한민국 대통령이 인도네시아 대통령에게 "우리는 한국인입니다."라고 말할 때

- **Kami** orang Korea. 우리는 한국인입니다.

→ 해당 표현의 '우리'에는 대화를 듣는 당사자인 인도네시아 대통령은 포함되지 않습니다. (청자 미포함)

예 2

① 친구들과 함께 점심 먹을 곳을 찾던 중 마음에 드는 식당을 발견하여 친구들에게 "우리 여기서 먹자."라고 말할 때

- **Kita** makan di sini. 우리 여기서 먹자.

→ 해당 표현의 '우리'에는 대화를 듣는 당사자인 친구들이 포함됩니다. (청자 포함)

② 식당에서 식사하던 도중에 전화가 걸려온 친구에게 "우리는 식당에 있어."라고 말할 때

- **Kami** ada di kantin. 우리는 식당에 있어.

→ 해당 표현의 '우리'에는 대화를 듣는 당사자인 전화를 한 친구는 포함되지 않습니다. (청자 미포함)

중요한 회의나 미팅에서 프레젠테이션 등을 할 때, '저는'에 해당하는 표현인 'saya'를 더 높이는 존칭으로 '저희는'에 해당하는 표현인 'kami'를 쓰기도 합니다.

예 **대중에게 프레젠테이션을 할 때**

- **Kami** ingin memperkenalkan makanan Korea.

저희는 한국 음식에 대해서 소개하고자 합니다.

3 adalah 동사

adalah 동사는 '~이다'라는 뜻으로 영어의 be동사와 같은 역할을 합니다. adalah는 주어가 (대)명사나 명사구/절로 이루어지고 서술어 역시 (대)명사나 명사구/절로 이루어질 때 동사로 쓰입니다.

명사 + (**adalah**) + 명사

이 기본 틀을 반드시 기억하면서 'Saya orang Korea.' 문장을 살펴봅시다.

Saya 저 / orang Korea. 한국인

위 문장에는 동사가 보이지 않습니다. 따라서 생략된 동사를 넣어주면,

Saya **adalah** orang Korea.

의 형태가 됩니다. 두 문장의 의미는 같으며 adalah는 주로 생략됩니다.

- Dia (**adalah**) orang Tiongkok. 그는 중국인입니다.
- Beliau (**adalah**) orang Korea. 그분은 한국인입니다.
- Kami (**adalah**) orang Jepang. 저희는 일본인입니다.
- Kita (**adalah**) orang Surabaya. 우리는 수라바야 사람입니다.

〈adalah 동사를 생략하지 않는 경우〉

(1) 문장을 강조할 때 또는 직업에 대해 말할 때

- Saya **adalah** karyawan di PT Samsung. 저는 (주)삼성의 직원입니다.
- Mereka **adalah** mahasiswa di Universitas Indonesia.
  그들은 인도네시아 대학교 학생입니다.
- Saya **adalah** seorang presiden Indonesia. 저는 인도네시아의 대통령입니다.
  ✎ 'seorang'은 '한 사람'이라는 의미로 영어에서 사람 앞에 붙이는 'a/an'과 유사합니다. 따라서 따로 해석하지는 않으며, 대화할 때도 생략하여 표현할 수 있습니다.

(2) 주어 명사구와 술어 명사구가 길어 동사의 구분이 필요할 때

- Bapak yang tampan dan tinggi itu guru bahasa Indonesia kelas kami.
  키가 크고 잘생긴 남자 분은 우리 학교의 인도네시아어 선생님입니다.
  → adalah가 없는 경우 주어와 술부 구분에 어려움이 있습니다.
- Bapak yang tampan dan tinggi itu **adalah** guru bahasa Indonesia kelas kami.
  → adalah가 들어감으로써 주어와 술부 구분이 쉽게 가능합니다.

Ungkapan

1-2

1 인사하기

인도네시아어의 인사는 시간에 따라 네 가지로 나뉘고, 의미는 모두 '안녕하세요.'입니다. 친한 사이와 인사할 경우, selamat은 생략하기도 합니다.

- (Selamat) pagi. 안녕하세요.(아침인사)
- (Selamat) siang. 안녕하세요.(점심인사)
- (Selamat) sore. 안녕하세요.(오후인사)
- (Selamat) malam. 안녕하세요.(저녁인사)

2 헤어질 때

- Dadah~ (dah~) 안녕~ / 잘 가~
- Sampai bertemu lagi. / Sampai jumpa lagi. 다음에 다시 봐요.
- Hati-hati di jalan, ya. 조심히 가세요.
- Selamat jalan. 안녕히 가세요.
- Selamat tinggal. 안녕히 계세요.

3 축하표현

위에서 살펴본 '안녕하세요.' 표현 중 selamat만 따로 떼어 표현하면 '축하해요.'라는 표현이 됩니다. 상대방에게 좋은 일이 생겼을 때, 'Selamat, ya.'라고만 표현해도 축하를 전할 수 있습니다.

- Selamat, ya. 축하해요.
- Selamat tahun baru. 새해 복 많이 받으세요.
- Selamat hari ulang tahun! 생일 축하해요!

4 감사표현

- Terima kasih. 감사합니다.
- Terima kasih banyak. 정말 감사합니다.
- Terima kasih kembali. 저도 감사드려요.
- Sama-sama. 저도요.
- Kembali. 저도요.

Berbicara

1-3

1) 안부 묻기

| 상황: 저녁 2시 |

Budi: Selamat siang. Apa kabar?
Dewi: Siang, baik. Apa kabar?
Budi: Saya juga baik, terima kasih.
Dewi: Sama-sama.

Budi: 안녕하세요. 잘 지내셨어요?
Dewi: 안녕하세요, 잘 지냈어요. 잘 지내셨어요?
Budi: 저도 잘 지냈어요, 감사합니다.
Dewi: 저도 감사해요.

2) 고향 묻기

Budi: Anda orang mana?
Dewi: Saya orang Busan. Anda adalah orang Surabaya?
Budi: Ya, saya orang Surabaya.

Budi: 당신은 어디 사람이에요?
Dewi: 저는 부산 사람이에요. 당신은 수라바야 사람인가요?
Budi: 네, 저는 수라바야 사람이에요.

3) 친구끼리 헤어질 때

Yura: Hati-hati di jalan,ya.

Budi: Kamu juga. Sampai bertemu lagi.

Yura: 조심해서 가.

Budi: 너도. 다음에 다시 보자.

4) 생일 축하

Yura: Selamat hari ulang tahun, Budi.

Budi: Terima kasih.

Yura: Kembali.

Yura: 부디야, 생일 축하해.

Budi: 고마워.

Yura: 천만에.

Latihan

1 다음을 듣고 빈칸을 채워보세요. 1-4

1 ______

2 ______

3 ______

4 ______

5 ______

2 다음의 주어진 대화에 알맞은 대답을 쓰고 말해보세요.

1 Selamat siang.

______

2 Siapa nama Anda?

______

3 Anda berasal dari mana?

______

4 Terima kasih.

______

3 다음의 문장에 생략된 동사를 포함하여 재구성하세요.

1 Beliau orang Tiongkok.

______

2 Kami orang Indonesia.

______

3 Kita karyawan di PT Parmasi Korea.

______

4 Ibu Dewi guru bahasa Indonesia.

----

5 Bapak Budi bangkir di Bank Korea.

----

4 다음을 따라 읽고 의미를 파악하세요.

Selamat siang.
Nama saya Dewi.
Saya berasal dari Korea.
Saya orang Seoul, Korea.
Saya adalah seorang guru bahasa Indonesia.
Senang berkenalan dengan Anda sekalian.
Terima kasih.

5 위의 읽기 틀을 바탕으로 본인 소개를 해보세요.

Nama saya ------------------------------.
Saya berasal dari ------------------------------.
Saya orang ------------------------------.
Saya adalah ------------------------------.
Senang berkenalan dengan Anda sekalian.
Terima kasih.

PELAJARAN 02

직업

이분은 우리의 인도네시아어 선생님입니다.

Ibu ini guru bahasa Indonesia kita.

Percakapan

2-1

Yura: Selamat siang, apa kabar?
슬라맛 시앙, 아빠 까바르?

Budi: Siang, saya baik. Apa kabar?
시앙, 사야 바익. 아빠 까바르?

Yura: Saya juga baik. Siapa ibu itu?
사야 주가 바익. 시아빠 이부 이뚜?

Budi: Oh, ya. Ibu ini guru bahasa Indonesia kita.
오, 야. 이부 이니 구루 바하사 인도네시아 끼따.

Dewi: Selamat siang, saya Dewi. Senang berkenalan dengan Anda.
슬라맛 시앙, 사야 데위. 스낭 버르끄날란 등안 안다.

Yura: Siang bu. Saya Yura dari Jepang. Saya juga senang berkenalan dengan ibu.
씨앙 부. 사야 유라 다리 즈빵. 사야 주가 스낭 버르끄날란 등안 이부.

Yura: 안녕, 잘 지내?

Budi: 안녕, 난 잘 지내지. 잘 지내?

Yura: 나도. 그녀는 누구시니?

Budi: 아, 맞다. 이 여성분은 우리의 인도네시아어 선생님이셔.

Dewi: 안녕하세요, 저는 데위예요. 만나서 반가워요.

Yura: 안녕하세요 선생님. 저는 일본에서 온 유라입니다. 저도 만나서 반갑습니다.

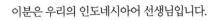

Kosakata baru

baik 좋은, 잘

siapa 누구

ibu 여자어른

guru 선생님

Jepang 일본

Kosa Kata

2-2

직업

guru	선생님, 강사
dosen	교수
pelajar	학습자, 학생
murid	학생, 제자
mahasiswa	대학생
karyawan	회사원
pegawai kantor	회사원
bankir	은행원
pegawai negeri	공무원
ibu rumah tangga	주부
dokter	의사
suster	간호사
sopir	운전사
polisi	경찰관
pemadam kebakaran	소방관
satpam	경비원

Tata Bahasa

1 Kata Tunjuk 지시사

인도네시아어의 지시사는 가까운 것을 지칭하는 ini(이것), 먼 것을 지칭하는 itu(그것/저것) 2가지로 나뉩니다.

ini 이것　　itu 그것/저것

- **Ini** buku bahasa Indonesia. 이것은 인도네시아어 책입니다.
- **Itu** buku bahasa Indonesia. 저것은 인도네시아어 책입니다.

- **Ini** (adalah) buku bahasa Inggris. 이것은 영어 책입니다.
- **Itu** (adalah) buku bahasa Jepang. 그것은 일본어 책입니다.

- Karyawan **ini** orang Korea. 이 회사원은 한국인입니다.
- Pegawai negeri **itu** orang Indonesia. 저 공무원은 인도네시아인입니다.

지시사 ini와 itu가 사람을 지칭할 때에는 '이분' 또는 '그분/저분'의 의미가 됩니다.

- **Ini** (adalah) guru bahasa Indonesia. 이분은 인도네시아어 선생님입니다.
- **Itu** (adalah) murid saya. 저 사람은 나의 제자야.
- Ibu **ini** (adalah) bankir. 이(여자)분은 은행원입니다.
- Bapak **itu** (adalah) dokter. 그(남자)분은 의사입니다.

2 adalah 동사의 부정

'~이다'의 의미를 가진 adalah를 부정하는 부정부사에 대해 알아보겠습니다.

Ibu Kim	**bukan**	orang Jepang.
주부	**부정부사**	서술부

- Dia (adalah) orang Korea. 그는 한국인입니다.
- Dia **bukan** orang Korea. 그는 한국인이 아닙니다.

- Beliau (adalah) orang Korea. 그분은 한국인입니다.
- Beliau **bukan** orang Korea. 그분은 한국인이 아닙니다.

- Saya (adalah) karyawan di PT Samsung. 저는 (주)삼성의 회사원입니다.
- Saya **bukan** karyawan di PT Samsung. 저는 (주)삼성의 회사원이 아닙니다.

부정문에서는 adalah가 생략되는 것이 아니라 부정부사와 함께 쓰이지 못한다는 것을 유의해야 합니다.

- Mereka (adalah) mahasiswa di Universitas Indonesia.
  그들은 인도네시아 대학교 학생입니다.
- Mereka **bukan** ~~adalah~~ mahasiswa di Universitas Indonesia.
  그들은 인도네시아 대학교 대학생이 아닙니다.

Ungkapan

2-3

1 안부 묻기

'잘 지내요?'에 해당하는 표현은 인사말과 함께 물어보는 것이 일반적입니다.

- Apa kabar? 잘 지내요?

이 문장에서 apa는 '무엇'에 해당하고 kabar는 '소식, 보도' 등에 해당합니다. 따라서 '소식이 뭐예요?'라는 맥락에서 '잘 지내요?'라는 의미로 이해할 수 있습니다.

안부에 대한 대답은 다음과 같습니다.

- Baik. 잘 지내요.
- Baik–baik saja. 그냥 잘 지내요.
- Biasa saja. 그냥 똑같아요.

가벼운 안부를 묻는 사이에서 안부에 대한 대답은 'Baik.'이나 'Baik-baik saja.' 정도가 일반적입니다. 좀 더 친한 사이라면 친밀도에 따라 상황에 따른 상세한 안부를 이야기할 수 있습니다.

이외의 안부를 묻는 표현으로

- Sudah makan? 식사하셨어요?
- Sudah mandi? 목욕하셨어요?

등이 있습니다. 인도네시아에서는 열대기후 탓에 등목과 같은 가벼운 목욕을 자주하여 간혹 안부를 묻는 표현으로 쓰이기도 합니다. 위와 같은 질문을 받았을 때는 '네'라는 의미로 'ya~' 또는 'sudah' 등으로 대답할 수 있습니다.

2 사과표현

- Maaf. 미안해요.
- Minta maaf. 사과할게요.
- Mohon maaf. 사과드립니다.
- Tidak apa-apa. 괜찮아요.

3 직업표현

1) adalah 동사를 활용한 직업표현

여기서 adalah는 앞서 배운 바와 같이 생략하여 표현할 수 있습니다.

- Anda (**adalah**) mahasiswa? 당신은 대학생인가요?
- Ya, saya (**adalah**) mahasiswa. 네, 저는 대학생이에요.

- Anda (**adalah**) pegawai negeri? 당신은 공무원인가요?
- Bukan, saya bukan pegawai negeri. Saya **adalah** bankir.
  아니요, 저는 공무원이 아니에요. 저는 은행원이에요.

직업에 대해 말할 때, 부정관사 seorang을 사용하여 좀 더 격식있게 표현할 수도 있습니다. 여기서 seorang은 영어의 'a/an'과 유사한 표현이므로 따로 해석하지 않습니다.

Saya adalah seorang mahasiswa.

2) bekerja 동사를 활용한 직업표현

bekerja 동사를 활용하여 직업을 물을 때는 일반적으로 의문사 '어디에'가 붙어 '당신은 어디에서 일하나요?'의 형태로 물어볼 수 있습니다. 따라서 대답으로 일하는 회사명이나, 일하는 지역이 오는 것이 적절합니다.

- Anda **bekerja** di mana? 당신은 어디에서 일하나요?

- Saya **bekerja** di PT Samsung. 저는 (주)삼성에서 일합니다.
- Saya **bekerja** di Seoul, Korea. 저는 대한민국의 서울에서 일합니다.

3) 전치사 sebagai를 활용한 직업표현

sebagai는 '~로써'라는 의미를 가지고 있습니다. '당신은 어디에서 일하나요?'라는 질문을 받았을 때, sebagai를 활용하여 회사명, 일하는 지역과 더불어 직급, 직업 등을 설명할 수 있습니다.

- Anda bekerja di mana? 당신은 어디에서 일하나요?

- Saya bekerja di PT Samsung **sebagai** manajer.
  저는 (주)삼성에서 매니저로 일합니다.
- Saya bekerja di Universitas Korea **sebagai** dosen.
  저는 한국 대학교에서 교수로 일합니다.
- Saya bekerja di kantor pos **sebagai** pegawai negeri.
  저는 우체국에서 공무원으로 일합니다.

Berbicara

2-4

1) 상대방의 직업 묻기

Justin: Anda pegawai kantor?

Dewi: Bukan, saya bukan pegawai kantor. Saya adalah seorang guru bahasa Indonesia. Anda bekerja di mana?

Justin: Saya bekerja di Bank Amerika sebagai bankir.

Justin: 당신은 회사원인가요?

Dewi: 아니요, 저는 회사원이 아니에요. 저는 인도네시아어 선생님입니다. 당신은 어디에서 일하나요?

Justin: 저는 미국 은행에서 은행원으로 일합니다.

2) 용서 구하기

Yura: Ibu. Maafkan saya.

Ibu: Tidak apa-apa.

Yura: 어머니. 저를 용서해주세요.

Ibu: 괜찮단다.

3) 인사와 안부 묻기

| 상황: 저녁 7시 |

Agus: Selamat malam, Hadi. Apa kabar?

Hadi: Selamat malam, Agus. Saya baik-baik saja, dan kamu?

Augs: Saya juga baik. Terima kasih.

Hadi: Sama-sama.

Agus: 안녕, 하디. 잘 지냈어?

Hadi: 안녕, 아구스. 그냥 잘 지냈지, 그럼 넌?

Augs: 나도 잘 지냈어. 고마워.

Hadi: 천만에.

Latihan

1 다음을 듣고 빈칸을 채워보세요. 2-5

1 ______________________________

2 ______________________________

3 ______________________________

4 ______________________________

5 ______________________________

2 다음의 주어진 대화에 알맞은 질문 또는 대답을 쓰고 말해보세요.

1 A: ______________________________

B: Saya baik.

2 A: ______________________________

B: Saya bekerja di PT Indonesia.

3 A: ______________________________

B: Bukan, dia bukan seorang guru.

4 A: Maafkan saya.

B: ______________________________

3 다음 구문을 긍정은 부정으로, 부정은 긍정으로 바꿔 쓰세요.

1 Beliau bukan seorang guru bahasa Indonesia.

____

2 Kami orang Amerika.

____

3 Kita guru di SMA negeri 7.

---

4 Dia bukan seorang ibu rumah tangga.

---

4 다음 한글 문장을 지시사를 활용하여 인도네시아어로 작문하세요.

1 이 책은 영어 책입니다.

---

2 그 여자분은 저의 선생님입니다.

---

3 이것은 한국어 책입니다.

---

4 저 책은 일본어 책이 아닙니다.

---

5 다음을 친구와 파트를 나누어 함께 읽고 의미를 파악하세요.

A: Selamat siang. Apa kabar?

B: Selamat siang, saya baik. Apa kabar?

A: Saya juga baik.

B: Anda bekerja di mana?

A: Saya bekerja di Rumah Sakit Korea.

B: Anda dokter?

A: Ya, saya dokter.

PELAJARAN 03

위치

Saya tinggal di Jakarta.

저는 자카르타에 삽니다.

Percakapan

3-1

Yura: **Budi, kamu ke mana?**
부디, 까무 끄 마나?

Budi: **Saya ke kantin. Kamu dari mana?**
사야 끄 깐띤. 까무 다리 마나?

Yura: **Saya dari kelas bahasa Inggris. Adit ada di mana?**
사야 다리 끌라스 바하사 잉그리스. 아딧 아다 디 마나?

Budi: **Adit sudah ke kantin tadi. Kamu juga mau makan?**
아딧 수다 끄 깐띤 따디. 까무 주가 마우 마깐?

Yura: **Tentu saja mau! Tapi saya mau ke toilet dulu.**
뜬뚜 사자 마우! 따삐 사야 마우 끄 또일렛 둘루.

Budi: **Okai. Saya tunggu kamu di sini.**
오까이. 사야 뚱구 까무 디 시니.

Yura: 부디야, 너 어디 가니?
Budi: 나는 교내 식당에 가. 넌 어디서 오는 길이야?
Yura: 나는 영어 교실에서 오는 길이야. 아딧은 어디에 있어?
Budi: 아딧은 아까 교내 식당에 갔어. 너도 밥 먹을래?
Yura: 당연히 먹지! 근데 나 화장실 먼저 갔다 올게.
Budi: 알았어. 나 여기서 너 기다릴게.

Kosakata baru

kantin 교내/사내 식당, 매점
kelas 교실
Inggris 영국
tadi 아까
juga 역시, 또한
mau 원하다
toilet 화장실
dulu 먼저
tunggu 기다리다

Kosa Kata

3-2

1 위치

depan - belakang	앞 - 뒤
atas - bawah	위 - 아래
dalam - luar	안 - 밖
sebelah	옆
samping	(대상의) 옆
pojok	모서리
sini - situ - sana	여기 - 거기 - 저기
tengah	가운데
antara A dan B	A와 B 사이에
kanan - kiri	오른쪽 - 왼쪽
seberang	건너편

〈sebelah와 samping〉

sebelah와 samping는 '~의 옆'이라는 동일한 의미이지만, 다음과 같이 다르게 쓰입니다.

(1) 오른쪽, 왼쪽 등 위치표현과 결합할 경우: 주로 sebelah 사용

- Buku ada di **sebelah** kanan komputer. 책은 컴퓨터의 오른쪽 옆에 있습니다.

(2) 컴퓨터, 책상 등 대상과 결합할 경우: samping/sebelah 사용

- Buku ada di **samping** komputer. 책은 컴퓨터의 옆에 있습니다.
- Buku ada di **sebelah** komputer.

2 방향

maju - mundur	전진하다 - 후진하다
terus	곧장가다, 직진하다
belok kiri - belok kanan	좌회전 - 우회전
putar balik	유턴하다
putar-putar	돌아가다

3 장소

sekolah	(초/중/고) 학교
kampus	대학교 (장소를 지칭할 때)
kantor	회사, 사무실
kantor pos	우체국
kantor polisi	경찰서
bandara	공항
stasiun	기차역
terminal	버스 터미널
halte bus	정거장
mal	백화점, 쇼핑몰

Tata Bahasa

1 장소 전치사 di, ke, dari

1) di

한국어의 '~에'에 해당하며 장소에 중점을 둡니다. 고정된 장소를 표현할 때 쓰입니다.

- Adit ada **di** kantin. 아딧은 교내 식당에 있어.
- Bankir bekerja **di** bank. 은행원은 은행에서 일합니다.
- Budi tinggal **di** Jakarta Selatan. 부디는 남부 자카르타에 삽니다.
- Saya (adalah) pegawai negeri **di** Korea. 저는 한국에서 공무원입니다.
- Ibu berbelanja **di** mal. 어머니는 백화점에서 쇼핑합니다.

2) ke

한국어의 '~에', '~(으)로'에 해당하며 움직임에 중점을 둡니다.

- Saya pergi **ke** kantin. 저는 식당에(으로) 가요.
- Kita kembali **ke** Indonesia. 우리는 인도네시아로 돌아갑니다.
- Ibu berbelanja **ke** mal. 어머니는 백화점으로 쇼핑하러 갑니다.
- Kami berangkat **ke** bandara. 우리는 공항으로 출발합니다.

3) dari

한국어의 '~로부터'에 해당하며 장소뿐만 아니라 시간표현에도 쓰일 수 있습니다. 시발점이 된 장소나 시간에 중점을 둡니다.

- Adit berasal **dari** Bandung, Indonesia.
  아딧은 인도네시아의 반둥에서(으로부터) 태어났습니다.
- Kita kembali **dari** Korea. 우리는 한국에서(으로부터) 돌아갑니다.
- Saya berangkat **dari** rumah. 저는 집에서(으로부터) 출발합니다.
- Kelas ini mulai **dari** jam 1 siang. 이 수업은 낮 1시부터 시작합니다.

2 의문사 mana

의문사 mana는 '어디'를 의미합니다. 상황에 따라 앞서 배운 장소 전치사와 결합하여 쓰입니다.

1) di mana – 어디에

- Adit ada **di mana**? 아딧은 어디에 있어?
- Adit ada di kantin. 아딧은 교내 식당에 있어.

- Budi tinggal **di mana**? 부디는 어디에 있어?
- Budi tinggal di Jakarta Selatan. 부디는 남부 자카르타에 살아.

2) ke mana – 어디로

- Kamu pergi **ke mana**? 너 어디(로) 가?
- Saya pergi ke kantin. 나는 식당에(으로) 가.

- Anda sekalian kembali **ke mana**? 여러분은 어디로 돌아가나요?
- Kami kembali ke Indonesia. 우리는 인도네시아로 돌아갑니다.

3) dari mana – 어디에서/어디로부터

- Adit berasal **dari mana**? 아딧은 어디에서 어디 출신이야?
- Adit berasal dari Bandung, Indonesia. 아딧은 인도네시아의 반둥출신이야.

- Anda berangkat **dari mana**? 당신은 어디에서(로부터) 출발했어요?
- Saya berangkat dari rumah. 저는 집에서 출발했습니다.

3 ada 동사

ada 동사는 '~있다'라는 의미로 다음과 같을 때 사용합니다.

1) 존재의 유무를 나타낼 때

- Hari ini **ada** kelas bahasa Indonesia. 오늘은 인도네시아어 수업이 있습니다.
- Di sini **ada** makanan Indonesia. 여기에는 인도네시아 음식이 있습니다.
- Besok **ada** ujian bahasa Inggris. 내일은 영어 시험이 있습니다.
- Hari ini **ada** tugas baru. 오늘은 새로운 업무가 있습니다.

2) 위치해 있음을 나타낼 때

위치 표현이 서술부에 올 경우

- Polisi **ada di** kantor polisi. 경찰관은 경찰서에 있습니다.
- Tas saya **ada di** sana. 제 가방은 저기에 있습니다.
- Mobil itu **ada di** seberang saya. 그 차는 저의 건너편에 있습니다.
- Buku itu **ada di** atas meja. 그 책은 책상 위에 있습니다.

위치 표현이 주부에 올 경우

- Di kantor polisi **ada** polisi. 경찰서에는 경찰관이 있습니다.
- Di sana **ada** tas saya. 저기에는 제 가방이 있습니다.
- Di seberang saya **ada** mobil itu. 제 건너편에는 그 차가 있습니다.
- Di atas meja **ada** buku itu. 책상 위에는 그 책이 있습니다.

4 부정부사 tidak

명사를 부정하는 부정사 bukan에 이어 이번에는 동사와 형용사를 부정하는 부정부사 tidak에 대해 알아보겠습니다.

1) 동사 부정

- Besok **tidak** ada rapat pagi. 내일은 아침 회의가 없습니다.
- Pensil itu **tidak** ada di atas meja. 그 연필은 책상 위에 없습니다.
- Di bawah kursi **tidak** ada anjing. 의자 아래에는 개가 없습니다.
- Saya **tidak** belajar bahasa Indonesia. 저는 인도네시아어를 공부하지 않습니다.
- Yura **tidak** tinggal di Jakarta. 유라는 자카르타에 살지 않습니다.

2) 형용사 부정

인도네시아어의 형용사는 동사 자리에 그대로 쓰일 수 있습니다. 따라서 형용사를 부정할 때에도 부정부사 tidak을 사용합니다.

- Kursi itu baru. 저 의자는 새것입니다.
- Kursi itu **tidak** baru. 저 의자는 새것이 아닙니다.

- Meja ini besar. 이 책상은 큽니다.
- Meja ini **tidak** besar. 이 책상은 크지 않습니다.

- Baju itu mahal. 그 옷은 비쌉니다.
- Baju itu **tidak** mahal. 저 옷은 비싸지 않습니다.

- Pensil saya bagus. 제 연필은 좋습니디.
- Pensil saya **tidak** bagus. 제 연필은 좋지 않습니다.

- Kamar ibu saya bersih. 어머니의 방은 깨끗합니다.
- Kamar ibu saya **tidak** bersih. 어머니의 방은 깨끗하지 않습니다.

Ungkapan

3-3

1 위치 묻기

질문

- Yura (ada) **di** mana? 유라는 어디에 있어요?

✎ ada가 장소부사 di와 함께 쓰일 경우 동사를 생략할 수 있습니다.

대답

- Yura **ada di** Busan. 유라는 부산에 있어요.
- Yura **di** depan kelas. 유라는 교실 앞에 있어요.
- Yura tidak **ada di** sini. 유라는 여기에 없어요.
- Yura tidak **di** rumah dia. 유라는 집에 없습니다.

2 길 찾기

질문

- Grand Indonesia **ada di** mana?
  그랜드 인도네시아는 어디에 있어요?

대답

- Grand Indonesia **ada di** seberang sana.
  그랜드 인도네시아는 저기 건너편에 있어요.
- Lurus dari sini, lalu belok kanan.
  여기에서 직진하고 나서 우회전하세요.
- Maaf. Saya kurang tahu.
  죄송해요. 저는 잘 모르겠어요.

인도네시아에서 상대방에게 질문할 때 상대방이 'kurang tahu'라고 대답한다면 '잘 모르겠어요.'라는 의미입니다. 한국어에서도 '모르겠어요.'라는 표현보다 '잘 모르겠어요.' 라는 표현이 좀 더 순화된 표현이듯이 인도네시아어도 '모르겠어요.'에 해당하는 'tidak tahu'라는 표현보다는 '잘 모르겠어요'에 해당하는 'kurang tahu'라는 순화된 표현을 더 많이 사용합니다.

Latihan

1 다음을 듣고 빈칸을 채워보세요. 3-4

1 ....

2 ....

3 ....

4 ....

5 ....

2 다음 문장을 긍정문은 부정문으로, 부정문은 긍정문으로 바꿔 쓰세요.

1 Adit orang Paris.

....

2 Kita pergi ke sekolah.

....

3 Ibu tidak berbelanja di mal.

....

4 Yura bukan suster di Rumah Sakit Indonesia.

....

5 Di atas meja saya bersih.

....

3 다음의 주어진 대답에 알맞은 질문을 쓰고 말해보세요.

1 A: ______________________

B: Saya pergi ke mal.

2 A: ______________________

B: Dia berasal dari Bandung, Jakarta.

3 A: ______________________

B: Grand Indonesia ada di seberang sini.

4 A: ______________________

B: Mereka berangkat dari rumah.

5 A: ______________________

B: Ya. Hari ini ada kelas bahasa Indonesia.

4 다음을 친구와 파트를 나누어 함께 읽고 의미를 파악하세요.

Yura: Budi, Kamu tinggal di mana?

Budi: Saya tinggal di Jakarta Selatan, dan kamu?

Yura: Saya tinggal di Jakarta Utara. Eh, Adit kamu dari mana?

Adit: Saya dari luar. Kalian ke mana?

Budi: Kami ke perpustakaan.

perpustakaan 도서관

PELAJARAN 04

소유 저는 일본어 책을 가지고 있지 않습니다.

Saya tidak punya buku bahasa Jepang.

Percakapan

4-1

Budi: Hari ini ada kelas bahasa Jepang?
하리 이니 아다 끌라스 바하사 즈빵?

Yura: Tidak, hari ini tidak ada kelas bahasa Jepang.
띠닥, 하리 이니 띠닥 아다 끌라스 바하사 즈빵.

Budi: Syukurlah, saya tidak punya buku bahasa Jepang sekarang.
슈꾸를라, 사야 띠닥 뿌냐 부꾸 바하사 즈빵 스까랑.

Yura: Bukumu ada di mana?
부꾸무 아다 디 마나?

Budi: Bukunya ada di rumah. Kamu punya pensil? Saya tidak punya pensil juga.
부꾸냐 아다 디 루마. 까무 뿌냐 뻰실? 사야 띠닥 뿌냐 뻰실 주가.

Yura: Ampun! Ini pensilnya.
암뿐! 이니 뻰실냐.

Budi: 오늘 일본어 수업이 있니?

Yura: 아니, 오늘은 일본어 수업이 없어.

Budi: 다행이다, 지금 나는 일본어 책을 가지고 있지 않아.

Yura: 네 책은 어디에 있는데?

Budi: 내 책은 집에 있어. 너 연필 있어? 나 연필도 없어.

Yura: 세상에! 여기 연필이야.

Kosakata baru

syukurlah (구어체) 다행이에요/다행이다

pensil 연필

ampun 세상에

Kosa Kata

4-2

1 학용품

buku	책
pensil	연필
bolpoin	볼펜
buku tulis	공책
penghapus	지우개
penggaris	자
kotak pensil	필통
tas	가방

2 교실

1) 명사

meja	(책)상
kursi	의자
jendela	창문
pintu	문
papan tulis	칠판
spidol	보드마카
kelas	교실/수업
lemari buku	책장

2) 동사

belajar	공부하다
mengajar	가르치다
bermain	연주/운동을 하다
membaca	~을 읽다
menulis	~을 쓰다
bertanya	질문하다
menjawab	대답하다

Tata Bahasa

1 소유동사(가지다, 소유하다) punya, mempunyai, memiliki

1) punya

주로 일상회화에서 사용하며 주어가 '사람'이나 '사물'인 경우에 쓰입니다. '가지다', '~의 것이다'라는 의미와 회화체에서는 '~의 것'이라는 명사의 의미로 쓰이기도 합니다.

- Saya **punya** pensil. 저는 연필을 가지고 있습니다.
- Adit **punya** buku tulis. 아딧은 공책을 가지고 있습니다.
- Yura tidak **punya** pensil itu. 유라는 그 펜을 가지고 있지 않습니다.
- Dia tidak **punya** spidol. 그는 보드마카를 가지고 있지 않습니다.
- Nasi goreng ini **punya** ibu. 이 볶음밥은 어머니 것이에요.
- Buku ini **punya** guru saya. 이 책은 제 선생님 것이에요.

2) mempunyai/memiliki

공식적인 상황에서 사용하며 주어가 사람이 아닌 경우에도 쓰입니다.

- Beliau **mempunyai** banyak buku. 그분은 많은 책을 가지고 계십니다.
- Saya tidak **mempunyai** saudara. 저는 형제가 없습니다.
- Murid itu tidak **mempunyai** buku bahasa Indonesia. 그 학생은 인도네시아어 책을 가지고 있지 않습니다.
- Kelas ini tidak **memiliki** lemari buku. 이 교실은 책장이 없습니다.
- Komputer itu **memiliki** sistem baru. 그 컴퓨터는 새로운 시스템을 가지고 있습니다.
- Saya **memiliki** bolpoin baru. 저는 새 볼펜을 가지고 있습니다.

2 인칭대명사의 소유격

앞서 배운 것처럼 인도네시아어에서 인칭대명사는 격에 따라 변하지 않습니다. 인칭대명사의 소유격을 표현할 때는 명사의 뒤에서 후치수식합니다.

- **Buku saya** ada di atas meja. 제 책은 책상 위에 있습니다.
- Ayah tidak punya **tas ibu**. 아버지는 어머니의 가방을 가지고 있지 않습니다.
- Dia mengajar **adik aku**. 그는 내 동생을 가르쳐.
- **Kakak perempuan kamu** bermain piano? 너의 언니는 피아노를 연주하니?
- **Ibu dia** membaca koran. 그의 어머니는 신문을 읽으셔.

대명사의 소유격 표현에서 비격식 인칭대명사의 소유격은 '접미사 형태'로 바꾸어 쓸 수 있습니다.

- Dia mengajar **adik aku**. → Dia mengajar adik**ku**.
- **Kakak perempuan kamu** bermain piano?
  → Kakak perempuan**mu** bermain piano?
- **Ibu dia** membaca koran. → Ibu**nya** membaca Koran.

격	소유격	소유격 접미사
1인칭 비격식 단수	buku aku	buku**ku**
2인칭 비격식 단수	buku kamu	buku**mu**
3인칭 비격식 단수	buku dia	buku**nya**

접미사 nya의 경우 지시사인 ini와 itu의 의미도 가집니다.

- Kursi itu ada di depan kelas. Kursi**nya** punya bapak Kim. (○)
  그 의자는 교실 앞에 있습니다. 그 의자는 김 선생님의 것입니다.
- Kursi**nya** ada di depan kelas. Kursinya punya bapak Kim. (×)
  그 의자는 교실 앞에 있습니다. 그 의자는 김 선생님의 것입니다.

✎ 위와 같이 접미사 nya가 쓰일 때에는 앞 문장에 nya가 지칭하는 바가 반드시 나와야 합니다.

3 접속사 dan

접속사 dan은 '~(과)와', '그리고'의 의미를 가지며, 주어, 동사, 목적어, 전치사 구 모든 자리에서 병렬 구조로 사용합니다.

- Adit **dan** saya membaca koran.
  아딧과 저는 신문을 읽습니다.
- Saya memiliki buku itu **dan** membacanya.
  저는 그 책을 가지고 있고 (그것을) 읽습니다.
- Adikku menulis surat kepada nenek, kakek, ibu, **dan** ayah.
  내 동생은 할머니와 할아버지, 어머니, 아버지께 편지를 써.
- Yura, Budi, **dan** saya bekerja di PT kimia Korea.
  유라, 부디, 그리고 저는 (주)한국화학에서 일합니다.

✎ dan으로 병렬 구조의 문장을 만들 때, 나열하는 대상이 세 단어 이상일 경우 수식하는 대상의 가장 마지막에 dan을 붙이며, dan 앞에 ' , '가 붙어야 올바른 문법입니다.

Ungkapan

4-3

punya를 활용한 질문

1) 형제 관계 묻기

질문

- **Kamu punya** saudara? 너 형제가 있어?

대답

- Ya. Saya **punya** 2 orang kakak perempuan.
  응. 난 2명의 언니(누나)가 있어.
- Ya. Saya **punya** 2 orang adik laki-laki.
  응. 난 2명의 남동생이 있어.
- Tidak. Saya **tidak punya** saudara.
  아니. 난 형제가 없어.

2) 물건의 소유 묻기

질문

- Buku ini **punya** siapa? 이 책 누구 거야?

대답

- Bukunya **punya** aku. 그 책은 내 거야.
- Bukunya **punya** Budi. 그 책은 부디 거야.
- Saya kurang tahu. 난 잘 모르겠어.

Latihan

1 다음을 듣고 빈칸을 채워보세요. 4-4

1 ....

2 ....

3 ....

4 ....

5 ....

2 다음의 주어진 대화에 알맞은 질문 또는 대답을 쓰고 말해보세요.

1 A: ....

B: Ya. Saya punya 2 orang kakak laki-laki.

2 A: ....

B: Kotak pensil ini punya Yura.

3 A: ....

B: Dia tidak punya tasku.

4 A: Kelas itu memiliki papan tulis?

B: ....

③ 다음을 읽고 이어지는 질문에 답하세요.

Selamat siang, semua. Senang berkenalan dengan Anda sekalian. Nama saya Judi dan saya adik perempuan Yura. Saya adalah seorang murid SMP kelas 2 di SMP negeri 8 Jakarta. Saya ingin menggambarkan kelas kami.

Di dalam kelas kami ada 20 buah meja dan kurusi. 20 buah meja dan kursi ada di tengah keals. Di depan meja ada sebuah papan tulis dan biasanya guru kami mengajar di sana. Peta Indonesia, bola basket, dan lemari buku ada di belakang kelas kami. Di sebelah kiri guru ada jendela. Di sebelah kanan meja dan kursi ada pintu masuk.

Bagaimana kelas kami? Coba gambarkan!

menggambarkan
~에 대해 묘사하다

1 Judi mempunyai saudara?

---

2 20 buah meja dan kursi ada di mana?

---

3 Di sebelah kanan meja dan kursi ada apa?

---

4 Biasanya guru mengajar di mana?

PELAJARAN 05

가족

오빠는 누구와 점심을 먹었어?

Kakak makan siang dengan siapa?

Percakapan

5-1

Kosakata baru

kampus 대학교
selesai 끝나다
sudah 이미 ~한/벌써
kakak 형/오빠, 누나/언니
dengan ~와/~과
teman 친구

Yura: **Eh, kak! Dari mana?**
에, 깍! 다리 마나?

Hadi: **Yura, aku dari kampus. Kelasmu sudah selesai?**
유라, 아꾸 다리 깜뿌스. 끌라스무 수다 슬르사이?

Yura: **Sudah, kelas hari ini selesai jam 4.**
수다, 끌라스 하리 이니 슬르사이 잠 음빳.

Hadi: **Oh begitu, sudah makan siang?**
오 브기뚜, 수다 마깐 시앙?

Yura: **Tentu saja. Kakak makan siang dengan siapa?**
뜬뚜 사자. 까깍 마깐 시앙 등안 시아빠?

Hadi: **Aku makan siang dengan teman-teman.**
아꾸 마깐 시앙 등안 뜨만-뜨만.

Yura: 어, 오빠! 어디 갔다 와?
Hadi: 유라야, 나는 학교에서 오는 길이지. 너 수업 끝났어?
Yura: 응, 오늘 수업 4시에 끝났어.
Hadi: 그랬구나, 점심은 먹었어?
Yura: 당연하지. 오빠는 누구와 점심을 먹었어?
Hadi: 난 친구들이랑 점심을 먹었어.

Kosa Kata

5-2

가족

nenek	할머니
kakek	할아버지
ibu	어머니
bapak/ayah	아버지
kakak	형/오빠, 누나/언니
adik	동생
tante	고모/이모/숙모/외숙모
paman	삼촌/외삼촌/고모부/이모부
sepupu	사촌
keponakan	조카
ibu mertua	시어머니, 장모
bapak mertua	시아버지, 장인
menantu perempuan	며느리
menantu laki-laki	사위

손윗사람이나 손아랫사람의 성별을 표현할 때는 kakak과 adik에 성별의 표현을 붙입니다. 인도네시아어에는 성별에 따른 손윗사람의 호칭 구분이 없고, 손아래 형제나 자매를 표현할 때 '여'동생, '남'동생이라는 성별의 표현을 붙여 표현하듯 손윗사람을 표현할 때에도 동일합니다.

perempuan	여자
laki-laki	남자

- kakak + perempuan(여자) = kakak perempuan 누나/언니
- kakak + laki-laki(남자) = kakak laki-laki 형/오빠
- adik + perempuan(여자) = adik perempuan 여동생
- adik + laki-laki(남자) = adik laki-laki 남동생

주의하세요!

perempuan은 '여자'라는 의미를 가지고 있지만 perempuan 단독으로는 어감이 좋지 않아 사용하지 않습니다. 성별을 직접적으로 나타낼 때는 아래의 표현을 쓸 수 있습니다.

wanita	여성
pria	남성

1) 형제 관계에서 성별을 나타낼 때 쓰일 경우

형제 관계에서 성별을 나타낼 때는 perempuan/laki-laki를 써야 합니다.

- Orang itu adik **perempuan** saya. (O) 저 사람은 제 여동생입니다.
  Orang itu adik **wanita** saya. (×)
- Dia kakak **laki-laki** saya. (O) 그는 제 형/오빠입니다.
  Dia kakak **pria** saya. (×)

2) 성별을 지칭하기 위해 쓰일 경우

perempuan의 경우 단독으로 쓰이면 어감이 좋지 않지만 laki-laki는 그렇지 않기 때문에 단독으로 사용할 수 있습니다.

- **Wanita** itu adik saya. (O) 그 여성은 제 동생입니다.
  Perempuan itu adik saya. (×) 그 여자는 제 동생입니다.
- **Laki-laki** itu sepupu saya. (O) 그 남자는 저의 사촌입니다.
- **Pria** itu paman saya. (O) 그 남성은 저의 삼촌입니다.

Tata Bahasa

1 육하원칙 의문문: apa - 무엇

기본적으로 인도네시아어의 육하원칙 의문문은 의문사의 위치를 문장의 '맨 앞'으로만 한정하지 않습니다. 의문사는 문장의 '맨 앞'이나 '맨 뒤'에 올 수 있으며 의미나 문법상 형태의 차이는 크게 없습니다.

- Apa itu? (O) = Itu apa? (O) 그것은 무엇입니까?

apa는 한국어의 '무엇', '무슨' 등과 의미가 동일합니다.

- **Apa** ini? 이것은 무엇입니까?
- Ini HP. 이것은 휴대폰입니다.

- Ini **apa**? 이것은 무엇입니까?
- Ini sepatu. 이것은 신발입니다.

위의 예문에서 볼 수 있듯이 의문사는 문장의 '맨 앞'이나 '맨 뒤'에 올 수 있지만 질문에 대한 대답을 할 때는 기본 문장 구성의 자리를 그대로 지켜야 합니다.

목적어 자리를 묻는 경우 의문사 위치는 바뀌지 않습니다.

- Anda memiliki buku **apa**? 당신은 무슨 책을 가지고 있나요?
- Saya memiliki buku novel. 저는 소설책을 가지고 있습니다.

- Dia mengajar **apa**? 그는 무엇을 가르칩니까?
- Dia mengajar bahasa Inggris. 그는 영어를 가르칩니다.

2 육하원칙 의문문: siapa - 누구

siapa는 한국어의 '누구', '누가' 등과 의미가 동일합니다.

- **Siapa** dia? 그녀는 누구십니까?
- Dia ibu saya. 그녀는 저의 어머니이십니다.

- Dia **siapa**? 그는 누구십니까?
- Dia ayah saya. 그는 저의 아버지이십니다.

siapa도 다른 의문사와 동일하게 문장의 '맨 앞'이나 '맨 뒤'에 올 수 있지만 질문에 대한 대답을 할 때는 기본 문장 구성인 주어 + 동사 + 술부 자리를 지켜야 합니다.

apa와 동일하게 목적어 자리를 묻는 경우 의문사의 위치는 바뀌지 않습니다.

- Anda mengajar **siapa**? 당신은 누구를 가르치나요?
- Saya mengajar murid saya. 저는 제 학생들을 가르칩니다.

- Ayah memanggil **siapa**? 아버지는 누구를 부르셨나요?
- Ayah memanggil ibu. 아버지는 어머니를 부르셨습니다.

주의하세요!

육하원칙 의문사가 전치사를 수반할 경우, 의문사와 전치사는 문장의 앞 · 뒤로 함께 이동합니다.

- Anda tinggal **di mana**?
  = **Di mana** Anda tinggal? 당신은 어디에 사나요?

- Yura makan **dengan siapa**?
  = **Dengan siapa** Yura makan? 유라는 누구와 먹나요?

Ungkapan

5-3

육하원칙 의문문을 활용하여 자기소개하기

1) 이름 묻기

- **Siapa** nama Anda? 당신의 이름은 무엇입니까?
- Nama saya Yura. 제 이름은 유라입니다.

상대방의 이름을 물어볼 때는 apa(무엇)가 아닌 siapa(누구)를 씁니다.

2) 출신지 묻기

- Anda berasal **dari mana**? 당신은 어디에서 태어났나요?
- Saya berasal dari Seoul, Korea. 저는 대한민국의 서울에서 태어났습니다.

3) 사는 곳 묻기

- Anda tinggal **di mana**? 당신은 어디에 살아요?
- Saya tinggal di Jakarta Selatan. 저는 남부 자카르타에 살아요.

4) 일하는 곳 묻기

- Anda bekerja **di mana**? 당신은 어디에서 일해요?
- Saya bekerja di Pusat korea. 저는 (주) 뿌삿 꼬레아에서 일해요.

5) 좋아하는 것 묻기

- Anda suka **apa**? 당신은 무엇을 좋아하나요?
- Saya suka makanan Indonesia. 저는 인도네시아 음식을 좋아해요.

6) 만나서 반갑습니다.

- Senang berkenalan dengan Anda. 당신과 알게 되어 반갑습니다.
- Saya juga. 저도요.
- Saya juga senang berkenalan dengan Anda.
  저도 당신과 알게 되어 반갑습니다.

Latihan

1 다음을 듣고 빈칸을 채워보세요. 5-4

1 ______________________________

2 ______________________________

3 ______________________________

4 ______________________________

5 ______________________________

2 다음의 주어진 대화에 알맞은 질문 또는 대답을 쓰고 말해보세요.

1 A: ______________________________

B: Nama saya Yura.

2 A: ______________________________

B: Saya berasal dari Tokyo, Jepang.

3 A: Anda bekerja di mana?

B: ______________________________

4 A: Anda tinggal di mana?

B: ______________________________

5 A: Senang berkenalan dengan Anda.

B: ______________________________

3 다음을 읽고 이어지는 질문에 답하세요.

Keluarga Saya

Nama saya Adit, saya berasal dari Bandung, Indonesia. Saya ingin memperkenalkan keluagrga saya. Orang tua saya berasal dari Bandung, Indonesia dan kami tinggal di Bandung sekarang.

Anggota keluarga saya 4 orang, yaitu orang tua saya, 1 orang kakak laki-laki, dan saya. Ayah saya bekerja di Bank Bandung. Beliau bekerja di sana selama 15 tahun. Ibu saya adalah seorang ibu rumah tangga. Ibu saya suka memasak masakan Indonesia. Nama kakak laki-laki saya adalah Agus, umurnya 22 tahun. Dia kuliah di Universitas Korea Selatan. Jurusan dia komputer. Kakak saya pintar dan selalu rajin. Saya belajar di SMA negeri 1 di Bandung. Saya juga belajar dengan rajin.

1 Keluarga Adit tinggal di mana?

2 Ayah adit bekejra di mana?

3 Jurusan kakak adit apa?

4 Ibu Adit suka memasak apa?

5 Coba perkenalkan keluarga Anda!

PELAJARAN 06

요일/월/해

어머니의 생신이 다음주예요.

Ulang tahun ibu saya minggu depan.

Percakapan

6-1

Kosakata baru

tahu (정보를) 알다

naik 타다

untuk ~을 위해

hadiah 선물

ulang tahun 생일

Agus: **Hai, Hadi. Apa kabar?**
하이, 하디. 아빠 까바르?

Hadi: **Kabar saya baik. Bagaimana kabarmu?**
까바르 사야 바익. 바게이마나 까바르무?

Agus: **Saya juga baik. Eh, kamu tahu bagaimana pergi ke mal Mega Indonesia?**
사야 주가 바익. 에, 까무 따후 바게이마나 뻐르기 끄 몰 메가 인도네시아?

Hadi: **Naik bus nomor 3 di seberang jalan ini. Untuk apa?**
나익 부스 노모르 띠가 디 스브랑 잘란 이니. 운뚝 아빠?

Agus: **Untuk membeli hadiah ibu saya. Ulang tahun ibu saya minggu depan.**
운뚝 믐블리 하디아 이부 사야. 울랑 따훈 이부 사야 밍구 드빤.

Hadi: **Oh begitu, minggu depan hari apa?**
오 브기뚜, 밍구 드빤 하리 아빠?

Agus: **Minggu depan hari Selasa.**
밍구 드빤 하리 슬라사.

Agus: 하디야 안녕. 잘 지냈어?
Hadi: 난 잘 지내지. 넌 어떻게 지내?
Agus: 나도 잘 지내지. 아, 너 메가 인도네시아 백화점에 어떻게 가는지 알아?
Hadi: 이 길 건너편에서 3번 버스를 타. 뭐 때문에?
Agus: 어머니 선물을 사려고. 어머니 생신이 다음주야.
Hadi: 아 그렇구나, 다음주 무슨 요일인데?
Agus: 다음주 화요일이야.

Kosa Kata

6-2

시간 표현

1) 요일과 일 표현

각 요일에 해당하는 표현은 항상 대문자로 표기합니다. hari는 '요일'을 의미합니다.

hari	Senin	월요일
	Selasa	화요일
	Rabu	수요일
	Kamis	목요일
	Jumat	금요일
	Sabtu	토요일
	Minggu	일요일

(숫자) hari lalu	~일 전
kemarin dulu	그제
kemarin	어제
hari ini	오늘
besok	내일
(besok) lusa	모레
(숫자) hari lagi	~일 후

과거		미래	
2 hari lalu	2일 전	2 hari lagi	2일 후
4 hari lalu	4일 전	4 hari lagi	4일 후

2) 주 표현 – minggu

주를 나타내는 표현은 다음과 같이 표기합니다. minggu는 '주'를 의미합니다.

(숫자) minggu lalu	~주 전
minggu lalu	지난주
minggu ini	이번 주
minggu depan	다음주
(숫자) minggu lagi	~주 후

과거		미래	
2 minggu lalu	2주 전	2 minggu lagi	2주 후
4 minggu lalu	4주 전	4 minggu lagi	4주 후

3) 월 표현 – bulan

각 월에 해당하는 표현은 항상 대문자로 표기합니다. bulan은 '월'을 의미합니다.

bulan	Januari	1월
	Februari	2월
	Maret	3월
	April	4월
	Mei	5월
	Juni	6월
	Juli	7월
	Agustus	8월
	September	9월
	Oktober	10월
	November	11월
	Desember	12월

인도네시아어의 월 표현은 숫자가 아닌 명사이므로 '몇 월'을 물을 때에는 '무슨'에 해당하는 의문사 apa로 질문합니다.

- Bulan ini bulan **apa**? 다음달은 몇 월이에요?
- Bulan ini bulan Desember. 다음달은 12월이에요.

(숫자) bulan lalu	~개월 전
bulan lalu	지난달
bulan ini	이번 달
bulan depan	다음달
(숫자) bulan lagi	~개월 후

과거		미래	
2 bulan lalu	2개월 전	2 bulan lagi	2개월 후
4 bulan lalu	4개월 전	4 bulan lagi	4개월 후

4) 연도 표현 – tahun

연도를 나타내는 표현은 다음과 같이 표기합니다. tahun은 '년'을 의미합니다.

tahun 2025	2025년
tahun 1995	1995년

(숫자) tahun lalu	~년 전
tahun lalu	작년
tahun ini	올해
tahun depan	내년
(숫자) tahun lagi	~년 후

과거		미래	
2 tahun lalu	2년 전	2 tahun lagi	2년 후
4 tahun lalu	4년 전	4 tahun lagi	4년 후

Tata Bahasa

1 육하원칙 의문문: bagaimana - 어떻게

bagaimana는 한국어의 '어떻게', '어때' 등과 의미가 동일합니다.

- **Bagaimana** pergi ke kafe itu? 그 카페까지 어떻게 가나요?
- Kafe itu ada di seberang jalan ini. 그 카페는 이 길 건너편에 있어요.

- **Bagaimana** kabar bapak Kim? 김 선생님 안부 어때요?
- Kabar saya baik. 제 안부는 좋아요.

2 육하원칙 의문문: kenapa, mengapa - 왜

kenapa, mengapa는 한국어의 '왜'라고 질문할 때의 쓰임과 같습니다.

- **Kenapa** bapak Andi tidak masuk kantor hari ini?
  = **Mengapa** bapak Andi tidak masuk kantor hari ini?
  왜 안디 씨는 오늘 출근하지 않았나요?
- Bapak Andi tidak masuk kantor hari ini karena sakit.
  안디 씨는 오늘 아프기 때문에 출근하지 않았습니다.

✎ kenapa, mengapa로 이유에 대해 물었을 때, '왜냐하면'에 해당하는 karena를 활용하여 대답합니다.

[회화체]

- **Kenapa** kita ke kantin sekarang?
  = **Mengapa** kita ke kantin sekarang? 왜 우리는 지금 식당에 가나요?
- Karena kita lapar. 우리는 배가 고파서요.

✎ 회화체에서는 karena를 이유만 나타내어 단문으로도 표현합니다. 문어체에서는 앞과 같이 복문으로 쓰입니다.

3 시간 표현 앞 전치사 pada

시간 표현 앞에는 전치사 pada가 쓰입니다. 전치사 pada는 생략이 가능합니다.

- Saya bertemu dengan ibu Dewi (**pada**) hari Senin.
  저는 월요일에 데위 선생님과 만날 거예요.

- Yura tidak pergi ke sekolah (**pada**) minggu depan.
  유라는 다음주에 학교를 가지 않습니다.

- Adik saya lahir (**pada**) 2 tahun lalu.
  제 동생은 2년 전에 태어났습니다.

pada를 쓰지 않는 시간 표현도 있습니다.

kemarin dulu	그제
kemarin	어제
besok	내일
(besok) lusa	모레

- Tante saya bermain piano **besok**. (○)
  저의 삼촌은 내일 피아노를 연주할 것입니다.
- Tante saya bermain piano pada besok. (×)
  저의 삼촌은 내일 피아노를 연주할 것입니다.

Ungkapan

6-3

1 요일

1) 오늘 요일 묻기

- Hari ini hari apa? 오늘은 무슨 요일인가요?
- Hari ini hari Rabu. 오늘은 수요일입니다.

2) 어제 요일 묻기

- Kemarin hari apa? 어제는 무슨 요일인가요?
- Kemarin hari Selasa. 어제는 화요일입니다.

3) 내일 요일 묻기

- Besok hari apa? 내일은 무슨 요일인가요?
- Besok hari Kamis. 내일은 목요일입니다.

4) 요일 확인하기

- Hari ini hari Kamis? 오늘은 목요일인가요?
- Ya, hari ini hari Kamis. 네, 오늘은 목요일이에요.
- Bukan, hari ini bukan hari Kamis. 아니요, 오늘은 목요일이 아니에요.
- Hari ini hari Jumat. 오늘은 금요일입니다.

2 월

앞에서 언급했듯이 인도네시아어의 월 표현은 모두 명사이므로 '무슨'에 해당하는 의문사 apa를 활용해 질문합니다.

1) 현재 월 묻기

- Bulan ini bulan apa? 이번 달은 몇 월인가요?
- Bulan ini bulan Maret. 이번 달은 3월입니다.

2) 미래 월 묻기

- 3 bulan lagi bulan apa? 3개월 후는 몇 월인가요?
- 3 bulan lagi bulan November. 3개월 후는 11월입니다.

3) 월 확인하기

- Ramadan tahun ini bulan apa? 올해 라마단은 몇 월인가요?
- Ramadan tahun ini bulan Juni. 올해 라마단은 6월입니다.

Latihan

1 다음을 듣고 빈칸을 채워보세요. 6-4

1 ____________________

2 ____________________

3 ____________________

4 ____________________

5 ____________________

2 다음의 주어진 대화에 알맞은 질문 또는 대답을 쓰고 말해보세요.

1 A: Kenapa Anda belajar bahasa Indonesia?

B: ____________________

2 A: ____________________

B: Hari ini hari Sabtu.

3 A: Bulan depan bulan apa?

B: ____________________

4 A: ____________________

B: Keluar dari sini, mal Seoul ada di sebelah kanan gedung ini.

5 A: Bagaimana kabar Anda?

B: ____________________

3 다음 달력을 보고 이어지는 질문에 답하세요.

2021 June

Sun	Mon	Tue	Wed	Thu	Fri	Sat
		1	2	3	4	5
6	7	8	9	10	11	12
13	14	15	16	17	18	19
20	21	22	23	24	25	26
27	28	29	30			

1 Bulan depan bulan apa?

2 Hari ini hari apa?

3 Kemarin hari apa?

4 2 bulan lalu bulan Mei?

5 Besok hari Jumat?

6 Besok lusa hari apa?

7 3 bulan lagi bulan apa?

8 Bulan depan bulan Oktober?

PELAJARAN 07

숫자

그 가격은 대략 300,000 루피아예요.

Harganya kira-kira Rp 300.000.

Percakapan

7-1

Kosakata baru

sebuah 한 개

resep 레시피

masakan 요리

harga 가격

kira-kira 대략/약

pacar 애인

batang 개비(얇고 긴 것을 세는 단위)

lilin 양초/초

info 정보

Hadi: Kamu membeli hadiah apa kemarin?

Agus: Kemarin saya membeli sebuah kue dan sebuah buku resep masakan Korea.

Hadi: Kue itu harganya berapa?

Agus: Harganya kira-kira Rp 300.000.

Hadi: Makasih, ya. Saya juga mau membeli kue itu untuk ulang tahun pacar saya.

Agus: Bagus. Kalau kamu mau membeli lilin juga, satu batang lilin Rp 7.000.

Hadi: Baik, makasih infonya.

Hadi: 어제 너 무슨 선물을 샀니?

Agus: 어제 난 케이크 한 개와 한국 요리 레시피 책을 샀어.

Hadi: 케이크 가격이 얼마였어?

Agus: 가격은 대략 300,000 루피아였어.

Hadi: 고마워. 나도 여자친구 생일 선물로 그 케이크를 사야겠어.

Agus: 좋아. 만약에 네가 초도 산다면, 초 한 개비는 7,000 루피아야.

Hadi: 응, 정보 고마워.

Kosa Kata

7-2

1 angka 숫자

1) nol~sembilan(0~9)

nol / kosong	0
satu	1
dua	2
tiga	3
empat	4
lima	5
enam	6
tujuh	7
delapan	8
sembilan	9

✎ kosong은 주로 연락처에서 '0'을 표현할 때 많이 쓰입니다. 또한 형용사로 '텅 빈'이라는 의미가 있어 'Gelas ini kosong.(이 잔은 비었어.)'와 같이 쓸 수 있습니다.

2) bealasan(11~19)

11~19에는 belas를 씁니다.

sebelas	11
dua belas	12
tiga belas	13
empat belas	14
lima belas	15
enam belas	16
tujuh belas	17
delapan belas	18
sembilan belas	19

3) puluhan(11~19를 제외한 10단위)

11~19를 제외한 10단위에는 puluh를 씁니다.

sepuluh	10
dua puluh	20
tiga puluh	30
empat puluh	40
lima puluh	50
enam puluh	60
tujuh puluh	70
delapan puluh	80
sembilan puluh	90

인도네시아어의 숫자표현은 한국어의 숫자 표기방식과 비슷하여 학습이 용이합니다.

- 이 + 십 + 칠 = 이십칠
  dua + puluh + tujuh = dua puluh tujuh
- 팔 + 십 + 삼 = 팔십삼
  delapan + puluh + tiga = delapan puluh tiga

숫자 1을 뜻하는 satu는 각 단위에서 1로 시작하는 경우 se- 접두사 형태로 쓸 수 있습니다.

- 10 = **se**puluh
- 11 = **se**belas
- 100 = **se**ratus

4) ratusan(100단위)

seratus	100
dua ratus	200
……	……
sembilan ratus	900

100단위의 숫자도 동일한 규칙으로 표현합니다.

- 육백 + 오십 + 구 = 육백오십구
  enam ratus + lima puluh + sembilan = enam ratus lima puluh sembilan

다만 100단위의 숫자에도 11~19가 포함될 때는 유의해야 합니다.

- (일)백 + 십오 = 백십오
  seratus + lima belas = seratus lima belas (○)
  seratus + sepuluh + lima = seratus sepuluh lima (×)

5) ribuan(1,000단위)

seribu	1,000
dua ribu	2,000
......	......
sembilan ribu	9,000

- 육 + 천 + 삼 + 백 + 오 + (일)십 + 사 = 육천삼백오십사
  enam + ribu + tiga + ratus + lima + puluh + empat
  = enam ribu tiga ratus lima puluh empat

- 사 + 천 + (일)백 + 십구 = 사천백십구
  empat + ribu + seratus + sembilan belas
  = empat ribu seratus sembilan belas

2 bilangan urutan 서수

인도네시아어의 서수는 기수에 접두사 ke-를 붙여 사용합니다.

pertama / kesatu	첫 번째
kedua	두 번째
ketiga	세 번째
keempat	네 번째
......	......
keseratus	백 번째

Tata Bahasa

1 육하원칙 의문문: kapan - 언제

kapan은 한국어의 '언제'처럼 특정 시점을 물어볼 때 사용합니다.

- **Kapan** Ibu Anda pulang dari Jerman?
  언제 당신의 어머니께서는 독일에서 돌아오시나요?
- Ibu saya akan pulang dari Jerman bulan depan.
  어머니께서는 다음달에 돌아오실 거예요.

- Promo ini mulai dari **kapan**? 이 프로모션은 언제부터 시작하나요?
- Promo ini mulai 2 minggu lagi. 이 프로모션은 2주 뒤에 시작합니다.

- **Kapan** adikmu masuk SD? 언제 네 동생은 초등학교에 입학하니?
- Adiku masuk SD 3 tahun lagi. 내 동생은 3년 뒤에 초등학교에 들어가.

- Anda lulus S1 **kapan**? 너 언제 학사를 졸업해?
- Saya lulus S1 akhir tahun ini. 저 올해 말에 학사를 졸업해요.

2 수 의문사: berapa - 몇, 얼마

인도네시아어의 수 의문사는 berapa로 수와 관련된 모든 질문에 사용합니다. '시점' 개념과 단순한 가격 등을 묻는 경우의 쓰임을 배워 봅시다.

- Sekarang jam **berapa**?
  = **Jam berapa** sekrang? 지금 몇 시예요?
- Sekarang jam 7 malam. 지금은 저녁 7시예요.

- Harga ini **berapa**?
  = **Brapa** harga ini? 이거 얼마예요?
- Harga ini 5.000 won. 이 가격은 5,000원입니다.

- Ukuran baju ini **berapa**?
  = **Brapa** ukuran baju ini? 이 옷의 사이즈는 얼마예요?
- Ukuran baju ini L. 이 옷의 사이즈는 L입니다.

- Hari ini tanggal **berapa**?
  = Tanggal **berapa** hari ini? 오늘은 며칠인가요?
- Hari ini tanggal 13. 오늘은 13일이에요.

주의하세요!

수 의문문을 수식하는 전치사는 의문사의 위치가 바뀔 경우 반드시 함께 이동해야 합니다.

- **Jam berapa** Anda makan siang?
  = Anda makan siang **jam berapa**? 몇 시에 당신은 점심을 먹나요?
- Saya makan siang jam 12. 저는 12시에 점심을 먹습니다.

3 keberapa 서수의문문

서수의문문은 서수의 쓰임과 동일하게 berapa에 접두사 ke-를 붙여 활용합니다.

- Drama ini seri **keberapa**? 이 드라마는 몇 번째 시리즈예요?
- Drama ini seri ke-2. 이 드라마는 두 번째 시리즈예요.

서수를 표현할 때는 kedua/ke-2, keempat/ke-4, kelima/ke-5와 같이 2가지 방식으로 표기할 수 있습니다.

Ungkapan

7-3

1 시간 묻고 답하기

• **Jam berapa** sekarang? = Sekarang **jam berapa**?
지금 몇 시인가요?

1) 시간 표현

11:27	jam 11 (lewat) 27 menit
1:05	jam 1 (lewat) 5 menit
2:54	jam 2 (lewat) 54 menit

✎ lewat은 '지나다'의 의미를 가지고 있으며, 시간을 표현할 때 생략할 수 있습니다.

2) 분수 표현

시간을 표현할 때 15분 단위로 4등분하여 표현하기도 합니다. 분수 표기법은 다음과 같습니다.

$\frac{1}{4}$ — satu — per — empat = satu + per + empat → seperempat (사분의 일)

$\frac{3}{4}$ — tiga — per — empat = tiga + per + empat → tiga perempat (사분의 삼)

예외

$\frac{1}{2}$ → setengah

분수 표현을 바탕으로 시간 표현의 형태를 살펴봅시다.

9:00	jam 9 / jam 9 tepat
9:15	jam 9 (lewat) 15 menit / jam 9 seperempat
9:30	jam 9 (lewat) 30 menit / jam setengah 10
9:45	jam 9 (lewat) 45 menit / jam 9 tiga perempat jam 10 kurang 15 menit / jam 10 kurang seperempat

✎ 인도네시아어의 '9시 반' 표현은 다음 시간인 10시에서 반을 빼오는 개념으로 표현하므로 유의해야 합니다.

✎ kurang은 시간 표현에서 '전'이라는 의미가 있어 10시 15분 '전' 등의 의미를 표현할 때 씁니다. 해당 표현은 생략하지 않습니다.

2 연락처 묻고 답하기

상대방의 연락처를 물을 때도 berapa를 활용합니다.

질문

- **Berapa** nomor HP Anda?
  = Nomor HP Anda **berapa**? 당신의 휴대폰 번호는 몇 번입니까?
- Nomor Anda **berapa**?
  = **Berapa** nomor Anda? 번호가 몇 번입니까?

대답

- Nomor HP saya 010-1234-5678. 제 휴대폰 번호는 010-1234-5678입니다.
- Nomor saya 02-987-6543. 제 번호는 02-987-6543입니다.

Latihan

1 1) 다음을 듣고 빈칸을 채워보세요. 7-4

1 ______

2 ______

3 ______

4 ______

5 ______

2) 다음을 듣고 숫자를 적어보세요. 7-5

1 ______

2 ______

3 ______

4 ______

5 ______

2 다음의 주어진 대화에 알맞은 질문 또는 대답을 쓰고 말해보세요.

1 A: ______

B: Kita bisa makan bersama minggu depan hari Selasa!

2 A: Jam berapa sekarang?

B: ______

3 A: Tanggal berapa hari ini?

B: ______

4 A: ______

B: Atasan saya akan pergi ke Indonesia 2 minggu lagi.

3 다음의 시간 표현을 인도네시아어로 쓰세요.

1 11:50 (1) ______________________________

(2) ______________________________

2 3:30 (1) ______________________________

(2) ______________________________

3 6:45 (1) ______________________________

(2) ______________________________

(3) ______________________________

4 7:00 (1) ______________________________

(2) ______________________________

5 8:15 (1) ______________________________

(2) ______________________________

PELAJARAN 08

기간

Berapa jam mata kuliah hari ini?

오늘 전공수업은 몇 시간이야?

Percakapan

8-1

Kosakata baru

mulai 시작하다

selesai 끝나다

terlamat 늦은, 지각한

semangat 파이팅, 힘내

Hadi: Erika, selamat siang. Kamu ke kampus sekarang?

Erika: Halo, Hadi. Iya, saya ke kampus. Kamu juga?

Hadi: Ya, kelasmu mulai jam berapa?

Erika: Kelas saya mulai jam 10 dan selesainya jam 1 siang.

Hadi: Tumben, kelasnya 3 jam?

Erika: Ya. Ah, saya akan terlambat. Saya pergi dulu, ya!

Hadi: Semangat, ya!

Hadi: 에리카, 안녕. 너 지금 학교 가는 거야?

Erika: 안녕, 하디. 응, 나 지금 학교 가는 길이야. 너도?

Hadi: 응, 네 수업 몇 시에 시작해?

Erika: 오늘 수업 10시에 시작하고 1시에 끝나.

Hadi: 세상에, 그 수업은 3시간이야?

Erika: 응. 아, 나 늦을 거 같아. 나 먼저 갈게!

Hadi: 파이팅!

Kosa Kata

8-2

1 angka 숫자

인도네시아어의 큰 단위 숫자 역시 천 단위를 기준으로 끊어보면 쉽게 이해할 수 있습니다.

1) 10,000단위: 10 + 000

sepuluh ribu	10.000
dua puluh ribu	20.000
......	......
sembilan puluh ribu	90.000

2) 100,000단위: 100 + 000

seratus ribu	100.000
dua ratus ribu	200.000
......	......
sembilan ratus ribu	900.000

3) 1,000,000단위 이상: juta

sejuta / satu juta	1.000.000
dua puluh juta	20.000.000
......	......
sembilan ratus juta	900.000.000

4) 1,000,000,000단위 이상

satu miliar	1.000.000.000
satu biliar	1.000.000.000.000

인도네시아어의 소수점과 천 단위 구분점

인도네시아어의 소수점과 천 단위 구분 쉼표 쓰임 방식은 한국어와는 반대로 쓰입니다.

구분	한국식	인도네시아식
소수점	5.5	5,5
	0.8	0,8
천 단위	1,000	1.000
	15,000,000	15.000.000

2 수량사

수량사	의미	쓰임
buah	개	사물을 세는 기본 단위
orang	명/사람	사람을 세는 기본 단위
ekor	마리	동물을 세는 기본 단위
gelas	컵/잔	일반적인 물컵을 세는 단위
cangkir	(찻)잔	차나 커피잔을 세는 단위
piring	접시	접시를 세는 단위
mangkuk	그릇	그릇을 세는 단위
porsi	인분	인분을 세는 단위
helai/lembar	장	종이나 천 등과 같이 얇은 것을 세는 단위
batang	개비	담배와 같이 얇고 긴 것을 세는 단위
tangkai	송이	꽃을 세는 단위
butir	알	동물의 알처럼 둥근 것을 세는 단위
pasang	쌍	쌍으로 이루어진 것을 세는 단위
potong	조각	잘린 조각을 세는 단위

Tata Bahasa

1 수 의문문 berapa

1) 소요시간

소요시간을 물을 때에는 berapa 뒤에 시간 표현이 붙습니다.

berapa jam	몇 시간
berapa hari	며칠간
berapa bulan	몇 개월간
berapa tahun	몇 년간
berapa lama	얼마나

- **Berapa jam** dari Seoul ke Busan?
  서울에서 부산까지 몇 시간 걸려요?
- Dari Seoul ke Busan memakan waktu 3 jam naik KTX.
  서울에서 부산까지는 KTX를 타고 3시간이 소요됩니다.

- **Berapa lama** Anda belajar bahasa Indonesia?
  당신은 얼마나 인도네시아어를 공부했나요?
- Saya belajar bahasa Indonesia selama 3 bulan.
  저는 3개월간 인도네시아어를 배웠습니다.

2) 수량사를 활용한 berapa

인도네시아어의 수량사 위치는 한국어의 수량사 위치와 같습니다. 명사는 후치수식이 그대로 적용됩니다.

3 ekor	3마리
3 ekor kucing	고양이 3마리

5 orang	5명
5 orang mahasiswa	대학생 5명

3 helai	3장
3 helai dokumen	서류 3장

- Anda punya berapa orang saudara? 당신은 몇 명의 형제를 가지고 있나요?
- Saya punya **3 orang saudara**. 저는 3명의 형제가 있습니다.

- Dia punya berapa potong kue? 그는 몇 조각의 케이크를 가지고 있나요?
- Dia punya **2 potong kue**. 그는 2조각의 케이크를 가지고 있습니다.

- Berapa buah apel ada di atas meja? 몇 개의 사과가 상 위에 있나요?
- **3 buah apel** ada di atas meja. 3개의 사과가 상 위에 있습니다.

3) berapa의 점 개념과 선 개념

단순한 시점이나 한 부분의 수를 물을 때를 '점 개념', 기간이나 건물의 전체 층수 등 전체의 수를 물을 때를 '선 개념'으로 두고 다음을 구분해 봅시다.

(1) 점 개념: '수식' + berapa?

- **Jam berapa** sekarang? 지금은 몇 시인가요?
- Jam 8 sekrang. 지금은 8시입니다.

- Kantor itu **lantai berapa**? 그 사무실은 몇 층인가요?
- Kantor itu lantai 4. 그 사무실은 4층입니다.

(2) 선 개념: berapa + '수식'

- **Berapa jam** kelas hari ini? 오늘 수업은 몇 시간인가요?
- Kelas hari ini 3 jam. 오늘 수업은 3시간입니다.

- **Berapa lantai** world tower? 월드 타워는 몇 층인가요?
- World tower 100 lantai. 월드 타워는 100층입니다.

2 전치사 dari, sejak, selama

1) dari – ~부터

장소 표현에서 '~부터'라는 의미로 쓰이는 dari는 시간 표현에서도 동일한 의미로 쓰일 수 있습니다.

- Kita berapat **dari** jam 9 pagi.
  우리는 9시부터 회의를 합니다.

- Semester kami mulai **dari** minggu depan.
  우리의 학기는 다음주부터 시작합니다.

2) sejak – ~이래로

- Saya belajar bahasa Indonesia **sejak** 3 bulan lalu.
  저는 3개월 전부터 인도네시아어를 배우고 있습니다.
- Pemain piano itu bermain piano **sejak** kecil.
  저 피아니스트는 어릴 때부터 피아노를 연주했습니다.

dari VS sejak

dari와 sejak은 한국어로 해석했을 때 뜻은 같지만 약간의 의미 차이가 있습니다.

Dia belajar bahasa Indonesia **dari 3 bulan lalu.**

3 bulan lalu → ? 현재

현재도 공부를 하는지 알 수 없음

dari는 현재의 정보를 담고 있지 않습니다. 영어의 'from'과 유사합니다.

Dia belajar bahasa Indonesia **sejak 3 bulan lalau.**

3 bulan lalu → ! 현재

현재도 공부를 하고 있음

sejak은 현재에도 지속되는 의미를 가지고 있습니다. 영어의 'since'와 유사합니다.

3) selama – ~동안

전치사 selama는 생략하여 쓸 수 있습니다.

- Kita bermain sepak bola (**selama**) 5 tahun. 우리는 5년 동안 축구를 했습니다.
- Ibu memasak (**selama**) 1 jam. 어머니는 1시간 동안 요리를 합니다.
- Adik saya mandi (**selama**) 30 menit. 동생은 30분 동안 샤워를 합니다.

Ungkapan

8-3

1 가격과 관련된 다양한 표현

1) harga – 가격

- Berapa **harga** ini? 이것은 가격이 얼마예요?
- **Harga** ini 350.000 rupiah. 이것의 가격은 350,000 루피아입니다.

- Berapa **harga** tas itu? 그 가방의 가격은 얼마예요?
- **Harga** tas itu 50.000 won. 그 가방의 가격은 50,000원입니다.

회화체에서는 harga를 생략하고 많이 쓰입니다.

- Berapa ini? / Berapa itu? 이건 얼마예요? / 그건 얼마예요?
- Ini 700.000 rupiah. 이것은 700,000 루피아입니다.

2) ongkos – (주로) 교통수단 등에서의 요금, 소요경비(적은 금액)

- Berapa **ongkos** taksi? 택시 요금이 얼마예요?
- **Ongkos** taksi 60.000 rupiah. 택시 요금은 60,000 루피아입니다.

- Berapa **ongkos** kirim ke Korea?
  한국으로 배송비가 얼마인가요?
- **Ongkos** kirim ke Korea 12.500 rupiah.
  한국 배송비는 12,500 루피아입니다.

3) biaya – 비용

- **Biaya** wisata Korea berapa? 한국 여행 비용은 얼마인가요?
- Kira-kira 600 dolar untuk pulang pergi. 왕복에 대략 600 달러입니다.

- **Biaya** sekolah mahal? 학비는 비싼가요?
- **Biaya** sekolah di sini tidak mahal. 이곳의 학비는 비싸지 않습니다.

2 수량사를 활용한 구매/주문 표현

일상 회화에서는 수량사를 생략하여 말하기도 합니다.

1) 식당에서

- Kami mau pesan 2 porsi daging sapi dan 2 gelas air putih.
  저희 쇠고기 2인분과 물 2잔 주문할게요.
- Saya mau pesan sepiring nasi goreng dan segelas es teh tawar.
  저는 나시고랭 한 접시와 차가운 차 한 잔을 주문할게요.

2) 슈퍼에서

- Saya mau membeli 2 buah apel, sepotong kue, dan 6 butir telur.
  저는 사과 2개와 케이크 한 조각, 그리고 달걀 6개를 사고 싶어요.

3) 옷가게에서

- Saya mau coba sebuah celana hitam itu.
  저는 저 검정색 바지 하나를 입어보고 싶어요.
- Saya mau coba celana hitam itu.
  저는 검정색 바지를 입어보고 싶어요.

✎ 위 상황의 경우, 한국어 표현에서도 수량사를 쓰지 않아도 자연스럽듯, 인도네시아어에서도 수량사를 생략하여 표현하기도 합니다.

Latihan

1 다음을 듣고 빈칸을 채워보세요. 8-4

1 ____________________

2 ____________________

3 ____________________

4 ____________________

5 ____________________

2 다음 질문에 대한 알맞은 대답을 쓰세요.

1 Berapa ongkos bus di Seoul?

____

2 Anda belajar bahasa Indonesia sejak kapan?

____

3 Berapa lama Anda belajar bahasa Indonesia?

____

4 Berapa biaya tiket pesawat dari Seoul ke Jeju?

____

5 Berapa lama dari Seoul ke Busan?

____

3 다음 주어진 단어들을 바르게 배열하세요.

1 berapa / baju / harga / ini / ?

2 kapan / sepak bola / mulai / Anda / bermain / ?

3 tahun / berapa / belajar / Inggris / bahasa / Anda / ?

4 Ongkos / Rp 350.000 / taksi / .

5 1 jam / memasak / ibu / makan / saya / malam / .

4 다음 문장을 인도네시아어로 작문하세요.

1 저는 3년 동안 중국어를 배우고 있습니다.

2 동생은 고등학생 때부터 피아노를 쳐오고 있습니다.

3 그 책 두 권의 가격은 Rp 100,000입니다.

4 티켓 비용은 Rp 5,000,000입니다.

PELAJARAN 09

시상 저는 제 방을 청소하고 있어요.

Saya sedang membersihkan kamar saya.

Percakapan

9-1

Ibu: Yura, kamu sudah membersihkan kamarmu?

Yura: Belum, saya sedang memberihkannya.

Ibu: Oh begitu, kakakmu ada di mana?

Yura: Kakak akan pulang jam 5. Katanya hari ini ada kuliah sampai sore.

Ibu: Oh ya? baik, ibu mau memasak makan malam.

Yura: Ya, Bu.

Ibu: 유라야, 너 네 방 청소 다 했니?

Yura: 아직이요, 저 청소하는 중이에요.

Ibu: 그렇구나, 오빠는 어디에 있니?

Yura: 오빠는 5시에 온대요. 듣기론 오늘 오후까지 강의가 있다고 했어요.

Ibu: 그래? 알았어, 엄마는 저녁 요리할게.

Yura: 네, 엄마.

Kosakata baru

sudah (현재완료) 이미 ~한

membersihkan ~를 청소하다

sedang ~하는 중인

katanya ~가 말하길

kuliah 강의, (동) 대학교를 다니다

sampai ~까지

memasak 요리하다

Kosa Kata

9-2

집

1) ruang keluarga – 거실

sofa	소파
televisi / TV	텔레비전
karpet	카펫
lampu	전등
lukisan	그림
jam	시계
meja	상

2) di dalam kamar – 방 안에서

meja belajar	책상
kursi	의자
tempat tidur	침대
selimut	이불
bantal	베개
lemari baju	옷장
rak buku	책꽂이

3) dapur – 부엌

kulkas	냉장고
kompor gas	가스레인지
bak cuci	싱크대
meja makan	식탁

4) kegiatan sehari-hari di rumah – 집에서의 하루 일과

bangun	일어나다, 기상하다
mandi	목욕하다, 샤워하다
menyikat gigi	이를 닦다
keramas	머리를 감다
makan pagi / siang / malam	아침/점심/저녁을 먹다 / (명) 아침/점심/저녁 식사
mencuci piring	설거지를 하다
membaca koran	신문을 읽다
minum kopi	커피를 마시다
mononton TV	텔레비전을 보다
memasak	요리를 하다
membersihkan kamar	방을 청소하다
merapikan	~을 정돈하다
tidur	자다

Tata Bahasa

시제

인도네시아어의 문법에서는 시제에 따른 동사 변화는 없고, 부사를 사용하여 시제를 결정합니다.

[시제가 없는 문장]

Kakak	merapikan	lemari buku.	형은 책장을 정돈합니다.
주어	동사	목적어	

[시제가 포함된 문장]

Kakak	**sedang**	merapikan	lemari buku.	형은 책장을 정돈하고 있습니다.
주어	시제부사	동사	목적어	

1 현재진행 sedang

1) '현재진행'의 sedang

sedang은 '현재진행'의 의미를 가지고 있습니다. 한국어로 '~을 하고 있다', '~을 하는 중이다'에 해당합니다.

- Saya **sedang** makan siang di rumah. 저는 집에서 점심을 먹고 있어요.
- Ayah **sedang** memasak di dapur. 아버지는 부엌에서 요리를 하고 있어요.
- Dia **sedang** ada di dalam kelas. 그는 교실 안에 있습니다.

2) sedang의 부정

- Beliau sedang **tidak** ada di kantor. 그분은 사무실에 계시지 않습니다.
- Ibu sedang **tidak** menonton TV. 어머니는 티비를 보고있지 않습니다.

3) sedang의 회화체 - lagi

sedang은 구어체에서 흔히 lagi로 바꾸어 표현하기도 합니다. 하지만 문어체에서는 lagi를 현재진행의 의미로 사용하진 않습니다.

- Saya **sedang** minum kopi. → Saya **lagi** minum kopi.
  저는 커피를 마시고 있어요.
- Kita **sedang** bermain sepak bola. → Kita **lagi** bermain sepak bola.
  우리는 축구를 하는 중이에요.

2 시제부사 akan

1) '미래'의 akan

akan은 '미래' 의미를 가지고 있습니다.

- Kakak **akan** pulang jam 5. 오빠는 5시에 집에 올 거예요.
- Kafe itu **akan** tutup jam 11 malam. 그 카페는 저녁 11시에 닫을 거예요.
- Saya **akan** tidur di tempat tidur baru. 저는 새 침대에서 잘 것입니다.

2) akan의 부정

sedang을 제외한 시제부사 부정문은 '부정부사 + 시제부사'의 순서로 씁니다.

- Saya **tidak** akan minum kopi. 저는 커피를 마시지 않을 것입니다.
- Mereka **tidak** akan bangun jam 7. 그들은 7시에 일어나지 않을 것입니다.
- Adik saya **tidak** akan membersihkan rumah. 제 동생은 방을 치우지 않을 것입니다.

3) 시제부사 akan이 없는 구문

미래부사 akan 없이 문장 내 미래 시간 표현으로 미래 의미를 표현할 수 있습니다.

- Ibu memasak di rumah **nanti**.
  어머니는 나중에 집에서 요리를 할 것입니다.
- **Minggu depan** keluarga saya pergi ke Singapura.
  다음주에 우리 가족은 싱가포르에 갈 것입니다.
- **2 minggu lagi** kakak saya bertemu dengan pacarnya.
  2주 뒤에 언니는 애인과 만날 것입니다.

3 시간 표현 어휘

다음의 시간 표현 어휘는 시제부사에 붙여쓰거나 단독으로도 쓰일 수 있습니다.

dulu	tadi	sekarang	sebentar lagi	nanti
예전	아까	지금	좀 있으면	이따

1) 시제부사 없이 쓰이는 경우

- **Tadi** dia bertemu dengan atasannya. 아까 그는 그의 상사와 만났습니다.
- Jam 7 pagi **sekarang**. 지금은 7시입니다.
- **Nanti** kita membersihkan kelas ini. 우리는 나중에 방을 치울 것입니다.

✎ 문장에 시제부사 없이 쓰이는 경우에는 본 시간 표현 어휘가 시제를 결정짓습니다.

2) 시제부사와 함께 쓰이는 경우

- **Sekarang** saya **sedang** minum kopi. 지금 전 커피를 마시는 중입니다.
- **Nanti** kakak **saya** akan mencuci piring. 나중에 오빠는 설거지를 할 것입니다.
- Kita mau berangkat **sebentar lagi**. 우리는 좀 이따 출발할 것입니다.

✎ 본 시간 표현 어휘는 문장의 '구'를 해치지 않는 범위 내에서 자유롭게 이동이 가능합니다.

4 전치사의 나열 순서

인도네시아어의 전치사 나열 순서는 특별히 정해진 것이 없습니다. 다만 동사의 성질에 따라 자연스럽게 먼저 오는 전치사 구가 결정되기도 합니다.

1) 장소 성격이 강한 동사와 올 경우

빈도		
Saya pergi ke mal pada minggu lalu. 저는 백화점을 지난주에 갔습니다.	>	Saya pergi pada minggu lalu ke mal. 저는 지난주에 백화점을 갔습니다.
Saya berjalan-jalan ke luar kota dengan keluarga saya. 저는 근교로 가족들과 나들이를 갑니다.	>	Saya berjalan-jalan dengan keluarga saya ke luar kota. 저는 가족들과 근교로 나들이를 갑니다.

✎ '가다'라는 의미의 동사 pergi와 '나들이 가다/산책 가다'라는 의미의 동사 berjalan-jalan는 장소 성격이 강하기 때문에 장소 전치사구가 가장 먼저 오는 것이 자연스럽습니다.

2) 동사의 성격에 크게 구애 받지 않는 경우

- Saya makan dengan rekan saya di kantin.
  = Saya makan di kantin dengan rekan saya.
  저는 동료들과 사내 식당에서 식사를 했습니다.

- Saya bermain bulu tangkis sejak SMA dengan adik saya.
  = Saya bermain bulu tangkis dengan adik saya sejak SMA.
  저는 어릴 때부터 동생과 배드민턴을 쳐오고 있습니다.

✎ 위와 같은 경우는 동사가 가진 특성이 강하지 않으므로 화자가 강조하고자 하는 전치사구를 우선적으로 배열하여 말할 수 있습니다.

Ungkapan

9-3

1 akan

akan은 '미래' 의미를 가진 화자의 의도가 담긴 미래 표현에도 쓰일 수 있지만 특정한 미래의 사실에 대해 이야기할 때 주로 쓰입니다.

- Anak saya **akan** masuk SD pada tahun depan.
  제 자녀는 내년에 초등학교에 입학할 것입니다.
- Keluarga kami **akan** pindah rumah ke Bandung.
  저희 가족은 반둥으로 이사를 갈 것입니다.
- Murid-murid Indonesia **akan** datang di Korea besok pagi.
  인도네시아 학생들은 내일 아침 한국에 도착할 것입니다.
- Sore ini ibu **akan** berbelanja di pasar.
  오늘 오후에 어머니는 시장에서 장을 보실 것입니다.

2 mau

mau의 기본적인 의미는 '~을 원하다'로 부사와 동사 자리에 주로 쓰입니다. 하지만 mau는 미래시제에도 쓰일 수 있으며, 화자의 의지가 담긴 미래구문이거나 주로 가까운 미래를 나타내는 구어체에서 쓰입니다.

1) 식당에서 메뉴판을 보면서

- Saya akan makan nasi goreng.
  < Saya **mau** makan nasi goreng.
  나는 나시고랭을 먹을 거야.

2) 길에서 마주친 친구에게

- Kamu akan ke mana?
  < Kamu **mau** ke mana?
  너 어디 가? (어디 갈 거야?)
- Saya akan bertemu dengan adik saya.
  < Saya **mau** bertemu dengan adik saya.
  나 동생 만날 거야. (동생을 만나러 가는 길이야.)

3) 옷가게에서 옷을 골라 들면서

- Saya akan coba baju ini.
  < Saya **mau** coba baju ini.
  저 이 옷 입어볼게요.

4) 밖에 나갔다 집에 들어오면서

- Ibu, saya akan mandi dulu.
  < Ibu, saya **mau** mandi dulu.
  엄마, 저 샤워 먼저 할게요.

Latihan

1 다음을 듣고 빈칸을 채워보세요. 9-4

1 ____________________

2 ____________________

3 ____________________

4 ____________________

5 ____________________

2 다음 제시된 상황을 바탕으로 빈칸에 올바른 시제부사를 넣으세요.

1 일본에 갔던 친구가 다음달에 한국으로 돌아올 때

Teman saya ________ pulang ke Korea bulan depan.

2 회사에서 동료에게 먼저 퇴근한다고 이야기할 때

Saya ________ pulang dulu.

3 어머니로부터 전화가 와서 현재 친구들과 만나고 있다고 이야기할 때

Aku ________ bertemu dengan teman-teman.

4 길 가다 만난 친구에게 어디 가는 길인지 물을 때

Kamu ________ ke mana?

5 친구에게 전화를 걸어 어디인지 물을 때

Kamu ________ di mana?

❸ 다음을 읽고 이어지는 질문에 답하세요.

Kegiatan Sehari-hari Keluarga Saya

Pada akhir minggu, saya bangun jam 8 pagi di kamar saya. Saya mandi dan kermas di kamar mandi, lalu saya sarapan dengan keluarga saya. Biasanya adik saya tidak sarapan tetapi dia bangun jam setengah 10.

Siang hari keluarga saya mebersihkan rumah. Ayah saya membersihkan kamar-kamar. Ibu saya merapikan dapur dan saya membersihkan kamar mandi. Adik saya membuang sampah.

Menjelang sore, saya dan ayah saya menonton televisi di ruang keluarga. Ibu saya akan berbelanja ke pasar untuk memasak makan malam. Adik saya belajar bahasa Inggris di kamarnya.

1 Adik dia bangun jam berapa?

---

2 Pada siang hari keluarga dia melakukan apa?

---

3 Kenapa ibu pergi ke pasar?

---

❹ 위에 제시된 읽기 내용을 바탕으로 여러분의 가족, 또는 여러분의 하루 일과에 대해 인도네시아어로 작문하고 친구들과 이야기해보세요.

PELAJARAN 10

시제

제가 이메일을 보내두었어요.

Saya sudah mengirim e-mail.

Percakapan

10-1

Justin: (menelepon Erika) Halo, Mbak Erika. Sudah masuk kantor?

Erika: Halo, Bapak Justin. Saya masih belum sampai. Di sini macet sekali.

Justin: Kira-kira berapa menit lagi? Rapat pagi hari mulai jam 9.

Erika: Sebentar lagi. Kira-kira 10 menit.

Justin: Baik, tadi saya sudah mengirim e-mail. Tolong cek, ya.

Erika: Okei, Pak. Saya akan cek.

Justin: (에리카에게 전화를 한다) 여보세요, 에리카 씨. 출근하셨나요?

Erika: 여보세요, 저스틴 씨. 저는 아직 도착을 못 했어요. 여기는 굉장히 막혀요.

Justin: 대략 몇 분 더 걸릴까요? 아침 회의는 9시에 시작해요.

Erika: 잠시 후요. 대략 10분 정도요.

Justin: 그래요, 아까 제가 이메일을 보냈어요. 확인해 주세요.

Erika: 네. 제가 확인해 볼게요.

Kosakata baru

sampai 도착하다

macet 막히는

mulai 시작하다

lagi 더, 다시

Kosa Kata

10-2

Di dalam kantor 사무실에서

명사

dokumen	자료	cap	도장
surat*	서류, 편지	rapat	회의
sertifikat	증명서	diskusi	토론, 논의
paraf**	(간단한) 사인	hasil	수확, 생산, 결과
tanda tangan***	서명	laporan	보고서
format	폼, 형식	presentasi	연설, 발표
kantor pusat	본사	kantor cabang	지사, 지점
dinas	공무/출장	lembur	야근
cuti tahunan	연차	cuti bulanan	월차

* surat은 계약'서', 확인'서', 서약'서' 등과 같이 '~서'로 끝나는 일반적인 서류를 의미합니다. 인증과 관련된 서류는 대체적으로 sertifikat을 사용합니다.

** paraf는 결재란 등에 확인하였다는 것을 의미하는 간단한 서명을 의미합니다.

예 이름이 김철수인데 '김'만 적고 동그라미 치는 식의 간단한 서명

*** tanda tangan은 paraf보다 중요한 곳에 하는 서명을 의미합니다.

예 이름이 김철수인데 서류의 아래에 '김철수' 정자를 모두 적거나 인감도장 등을 찍는 서명

동사

인도네시아어의 동사는 어떠한 동사 접사와 결합하느냐에 따라 어근이 같더라도 자/타 동사의 쓰임과 의미가 달라지기도 합니다. 따라서 각각 단어의 의미를 파악하면서 어근도 눈여겨 학습하기를 권장합니다.

masuk kerja	출근하다	mempresentasikan	~에 대해 발표하다
berapat	회의하다	mengerjakan	행하다, 수행하다
melaporkan	~에 대해 보고하다	pulang kerja	퇴근하다
menandatangani	~에 서명하다	menerima	~을 받다
mengecap	도장을 찍다	mengirim	~을 보내다
mendiskusikan	~에 대해 토론하다	membalas	~을 회신하다
mencari	~을 찾다	memberitahukan	~을 알려주다
bercuti	휴가를 보내다	mencatat	~을 기록하다

Tata Bahasa

1 시간부사 sudah, belum, masih

앞서 학습한 바와 같이 시간부사는 동사의 앞에 위치합니다.

- Saya **akan** mempresentasikan budaya Korea.
  저는 한국 문화에 대해 발표할 것입니다.
- Dia **sedang** mencatat catatan rapat di dalam ruang rapat.
  그는 회의실 안에서 회의 내용을 기록하고 있습니다.

1) sudah – 이미 ~하다

sudah는 '~을 했어요'라는 의미로 완료된 상태를 표현하는 상황과 대응이 가능합니다. 영어의 현재완료(have/has + p.p)와 연결하여 이해할 수 있습니다.

- Saya **sudah** makan siang.
  저는 점심을 먹었어요. (이미 점심을 먹은 상태)
- Atasan saya **sudah** mengirim e-mail kepada saya.
  제 상사는 제게 이메일을 보냈습니다. (이미 상사가 메일을 보낸 상태)
- Kita **sudah** masuk kantor jam 9 pagi.
  우리는 9시에 출근을 했습니다. (모두가 사무실에 출근한 상태)

2) belum – 아직 ~하지 않았다

belum은 sudah와 반대되는 의미입니다.

- Ayah saya **belum** pulang kerja.
  저의 아버지는 아직 퇴근을 하지 않았어요.
- Saya **belum** membalas e-mail dari atasan saya.
  저는 상사에게서 온 이메일을 아직 회신하지 않았어요.
- Belum **belum** menandatangani surat itu.
  그분은 아직 그 서류에 서명하지 않았습니다.

3) masih – 여전히, 아직도

- Saya **masih** ada di kantor. 저는 아직 사무실에 있어요.
- Adik saya **masih** bercuti di Bali. 제 동생은 발리에서 여전히 휴가 중입니다.
- kami **masih** membersihkan ruang rapat. 우리는 여전히 회의실을 청소하고 있어요.

masih VS sedang

masih와 sedang은 모두 진행을 나타내지만 다른 의미를 가지고 있습니다. masih는 과거부터 계속해서 이어지는 현재의 상태를 나타내는 반면, sedang은 현재의 상황만 나타냅니다.

Saya **masih** ada di kantor. 저는 아직 사무실에 있습니다.

아까부터 여전히 사무실에 있는 상태

Saya **sedang** ada di kantor. 저는 사무실에 있습니다.

현재 사무실에 머물고 있으며 과거는 알 수 없음

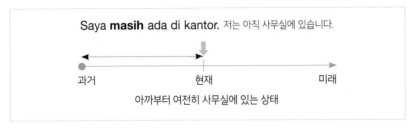

masih VS sudah

Saya **masih** ada di kantor. 저는 아직 사무실에 있습니다.

✎ 퇴근을 6시에 하려 했는데 8시까지 사무실에 있을 경우 본인이 예상했던 시점보다 지연되어 있는 상태이므로 masih를 씁니다.

Saya **sudah** ada di kantor. 저는 사무실에 있습니다.

✎ 과거부터 현재까지 사무실에 있다는 사실 정보만 전달합니다.

4) masih belum – 아직도 ~하지 않았다

- Saya **masih belum** makan siang.
  저는 아직도 점심을 먹지 않았어요.
- Kakak **masih belum** mengerjakan PR.
  형은 아직도 숙제를 하지 않았습니다.
- Paman saya **masih belum** menerima laporan.
  제 삼촌은 아직도 보고서를 받지 못했습니다.

belum과 masih belum은 어감의 차이가 있습니다. belum은 '아직 ~하지 않았다'라는 단순한 완료 의미만 나타낸다면, masih belum은 '아직도 ~하지 않았다'라는 시간적으로 지연되고 있는 느낌을 줍니다.

2 전치사 kepada

kepada는 사람 앞에 쓰여 '~에게'라는 의미를 가집니다.

- Saya membalas e-mail **kepada** atasan saya.
  저는 제 상사에게 이메일을 회신했습니다.
- Ibu akan membeli tas **kepada** anaknya.
  어머니는 자녀에게 가방을 사줄 것입니다.
- Kakak perempuan saya sudah mengirim surat **kepada** neneknya.
  저의 언니는 할머니께 편지를 보냈습니다.

Berbicara

10-3

1 sudah, belum, tidak을 활용한 회화

1) **sudah: 완료 여부를 묻는 질문을 받았을 때,** 완료되었을 경우

Agus: Erika, kamu **sudah** dapat e-mail saya?
Erika: **Sudah**, saya sudah dapat e-mail kamu.

Agus: 에리카, 너 내가 보낸 이메일을 받았어?
Erika: 응, 나 네가 보낸 이메일을 받았어.

Yura: Kakak **sudah** membeli dompet baru?
Hadi: **Sudah**, aku sudah membeli dompet baru.

Yura: 오빠는 새 지갑을 샀어?
Hadi: 응, 난 새 지갑을 샀어.

2) **belum: 완료 여부를 묻는 질문을 받았을 때,** 완료되지 않았을 경우

Hadi: Rapat hari ini **sudah** mulai?
Erika: **Belum**, rapat hari ini belum mulai.

Hadi: 오늘 회의 시작했어?
Erika: 아직, 회의는 아직 시작하지 않았어.

Agus: Kamu **sudah** punya buku novel ini?
Hadi: **Belum**, saya belum punya buku novel itu.

Agus: 너는 이 소설책을 가지고 있어?
Hadi: 아직, 나는 그 소설책을 아직 가지고 있지 않아.

3) **tidak: 완료 여부를 묻는 질문을 받았을 때,** 완료 여부와 상관없이 일어나지 않은 일이거나, 예정에 없을 경우

<완료 여부와 상관없는 경우>

Erika: Bapak Justin sudah masuk kantor?

Sékretaris: **Tidak**, hari ini bapak Justin bercuti.

Erika: 저스틴 씨 출근하셨나요?

Sékretaris: 아니요, 오늘 저스틴 씨는 휴가예요.

Yura: Ibu sudah mencuci rok saya?

Ibu: **Tidak**, aku tidak mencucinya. Rok ada di kamarmu.

Yura: 엄마 제 치마 세탁했어요?

Ibu: 아니, 난 그걸 세탁하지 않았어. 치마는 네 방에 있어.

<예정에 없는 경우>

Erika: Kamu sudah sarapan?

Budi: **Tidak**, saya sedang puasa.

Erika: 너 아침 먹었어?

Budi: 아니, 나 금식 중이야.

Hadi: Kakakmu sudah masuk S3?

Agus: **Tidak**, dia tidak masuk S3. Dia sudah bekerja di bank.

Hadi: 네 형은 박사 과정에 입학하셨니?

Agus: 아니, 그는 박사 과정에 입학하지 않았어. 그는 은행에서 일해.

2 경험부사 pernah(~해본 적 있니)를 활용한 경험 묻고 답하기

pernah는 경험부사로 '~을 해본 적 있니?'라는 의미를 가지며, 시간부사와 동일하게 동사 앞에 위치합니다.

질문

- Anda **pernah** bekerja di Bank Amerika cabang Indonesia?
  당신은 아메리카 은행의 인도네시아 지점에서 근무한 적이 있나요?

대답

(1) 근무를 해보았을 경우

- Sudah, saya (sudah) **pernah** bekerja di Bank Amerika cabang Indonesia.
  네, 저는 아메리카 은행 인도네시아 지점에서 근무한 적이 있어요.
- Pernah, saya (sudah) **pernah** bekerja di Bank Amerika cabang Indonesia.
  네, 저는 아메리카 은행 인도네시아 지점에서 근무한 적이 있어요.

✎ 긍정의 경우 위 형태 모두 가능하며, pernah가 '~해본 적 있다'라는 의미를 내포하고 있으므로 원할 경우 sudah를 생략할 수 있습니다.

(2) 아직은 근무해보지 않았으나, 근무의 가능성이 있거나 예정이 있을 경우

- Belum pernah, saya belum **pernah** bekerja di Bank Amerika cabang Indoneisa.
  아직이요, 저는 아직 아메리카 은행 인도네시아 지점에서 일해본 적이 없어요.

(3) 근무를 해본 적이 없고, 근무의 가능성이나 예정도 없을 경우

- Tidak pernah, saya tidak **pernah** bekerja di Bank Amerika cabang Indonesia.
  아니요, 저는 아메리카 은행 인도네시아 지점에서 일해본 적이 없어요.

Latihan

1 다음을 듣고 빈칸을 채워보세요. 10-4

1 ____________________

2 ____________________

3 ____________________

4 ____________________

5 ____________________

2 다음 질문에 대해 본인의 상황을 대입하여 대답해보세요.

1 Anda sedang belajar bahasa Indonesia?

____

2 Anda akan pergi ke mal nanti?

____

3 Anda sudah punya buku bahasa Indonesia?

____

4 Sudah berapa lama Anda belajar bahasa Indonesia?

____

5 Anda belum sarapan?

____

3 다음을 읽고 이어지는 질문에 답하세요.

Saya sedang belajar bahasa Indonesia di Universitas Jakarta. Saya senang belajar di sini karena kelas bahasa Indonesia sangat menarik. Di dalam kelas ini, ada teman dari Korea, Jepang, Tiongkok, Amerika, dan lain-lainnya.

Waktu kami bertemu pertama kali, kami belum bisa berbahasa Indonesia tetapi sekarang kami bisa mengobrol dalam bahasa Indonesia. Oleh karena itu, kami semua belajar dengan rajin dan guru bahasa Indonesia kami juga baik.

Kami sudah menjadi teman baik. Jadi setelah selesai semester ini, kami akan berlibur ke Bali. Akan tetapi, Yura tidak akan berwisata ke Bali karena harus pulang ke Jepang.

oleh karena itu 왜냐하면

1 Dia sedang belajar di mana?

2 Bagaimana mereka bisa mengobrol dalam bahasa Indonesia?

3 Mereka akan pergi ke mana setelah selesai kelas bahasa Indonesia?

4 Kenapa Yura tidak bisa berwisata ke Bali?

4 여러분은 얼마나 인도네시아어를 배우셨나요? 위의 읽기 내용을 바탕으로 여러분의 인도네시아어 수업에 대해 인도네시아어로 작문하고 소개해보세요.

PELAJARAN 11

취미

당신은 운동을 좋아하나요?

Apakah Anda suka olahraga?

Percakapan

11-1

Kosakata baru

kelihatannya ~처럼 보이다

olahraga 운동
(**berolahraga** 운동하다)

kapan-kapan 언젠가, 아무 때나

boleh 좋아요, 괜찮아요 등의 완곡한 긍정의 표현(회화체), 가능한

Hadi: Selamat pagi, Bapak Justin! Apa kabar?

Justin: Pagi, Mas Hadi. Saya baik, dan kamu? Kelihatannya Mas Hadi suka olahraga.

Hadi: Saya juga baik. Ya, pak. Saya suka olahraga. Apakah bapak Justin suka olahraga?

Justin: Saya juga suka olahraga. Khususnya saya suka lari.

Hadi: Saya suka lari juga. Kapan-kapan kita lari bersama!

Justin: Boleh, bagaimana pagi hari Minggu ini?

Hadi: Bagus!

Hadi: 안녕하세요, 저스틴 씨! 잘 지내셨어요?

Justin: 안녕하세요, 하디 씨. 저는 잘 지내요, 당신은요? 하디 씨는 운동을 좋아하는 것처럼 보여요.

Hadi: 저도 잘 지내요. 네, 저는 운동을 좋아해요. 저스틴 씨도 운동을 좋아하나요?

Justin: 저도 운동을 좋아해요. 특히 저는 달리기를 좋아해요.

Hadi: 저도 달리기를 좋아해요. 언제 한번 같이 뛰어요!

Justin: 그래요, 이번 주 일요일 아침 어때요?

Hadi: 좋아요!

Kosa Kata

11-2

Kesukaan 좋아하는 것

명사

film	영화	taman	공원/정원
masakan Indonesia	인도네시아 요리	luar negeri	해외
olahraga	운동	luar kota	시외/근교
musik	음악	pariwisata	관광
lagu	노래	pantai	해변
tari	춤	pulau	섬
buku novel	소설책	gunung	산
buku komik	만화책	fotografi	사진 찍기

동사

lari	달리다	menari	춤추다
berolahraga	운동하다	membaca buku	책을 읽다
mendaki gunung	등산하다	menonton film	영화를 보다
berjalan-jalan	여행하다/산책하다	bermain game	게임을 하다
berwisata	여행하다/관광하다	bermain catur	체스를 하다
memasak	요리하다	pergi ke bioskop	영화관에 가다
memancing	낚시하다	mendengarkan musik	음악을 듣다
menyanyi	노래하다	berlatih yoga	요가 수련을 하다

Tata Bahasa

1 의문대명사 apakah

앞 과에서 살펴보았듯이 일반의문문을 만들 때는 문장의 끝만 올려주면 됩니다.

- Kamu sudah makan? 식사하셨어요?
- Bapak ada di kantor? 아버지는 사무실에 계세요?

위 문장들에는 apakah라는 일반의문사가 생략되어 있습니다. 생략된 일반의문사를 넣어 표현하면 다음과 같습니다.

- **Apakah** kamu sudah makan? 식사하셨어요?
- **Apakah** bapak ada di kantor? 아버지는 사무실에 계세요?

생략된 일반의문사 apakah를 포함하여도 의미는 동일합니다. apakah를 포함할 경우 격식체의 문장이 되므로 좀 더 공손하게 표현해야 하는 자리나 공식 석상에서 사용됩니다. apakah에서 'kah'를 생략하고 'apa'만 사용하여도 격식의 의미가 됩니다. 격식의 정도는 다음과 같습니다.

- 비격식체/일반문: Ibu Dewi suka menonton film?
- 가벼운 격식체: **Apa** Ibu Dewi suka menonton film?
- 격식체: **Apakah** Ibu Dewi suka menonton film?
  데위 씨는 영화 보는 것을 좋아하나요?

apakah가 들어간 의문문의 대답은 '네/아니요' 또는 조동사 부사의 쓰임에 따라 달라집니다. 부정의 경우를 대답할 때는 두 가지 형식 모두 알맞은 표현입니다. 화자가 말하고자 하는 방향에 따라 달라집니다.

질문

- **Apakah** paman Anda suka memancing? 당신의 삼촌은 낚시를 좋아하시나요?

대답

- Ya. Paman saya suka memancing.
  네. 제 삼촌은 낚시를 좋아합니다.
- Tidak. Paman saya tidak suka mamancing.
  아니요. 제 삼촌은 낚시를 좋아하지 않습니다.
- Tidak. Paman saya suka mendaki gunung.
  아니요. 제 삼촌은 등산을 좋아합니다.

질문

- **Apakah** Anda sudah mendengarkan lagu baru itu?
  당신은 그 신곡을 들었나요?

대답

- Sudah. Saya sudah mendengarkannya.
  네. 저는 그것을 들었어요.
- Belum. Saya belum mendengarkannya.
  아니요. 저는 아직 그것을 듣지 않았어요.
- Belum. Saya mau mendengarkannya sekarang.
  아니요. 저는 지금 그것을 들으려고요.
- Tidak. Saya tidak suka mengdengarkan lagu.
  아니요. 저는 노래 듣는 것을 좋아하지 않아요.

2 suka - ~을 좋아하다

타동사로 쓰이는 '~을 좋아하다'의 의미를 가진 suka 동사의 쓰임에 대해 살펴보겠습니다.

1) 주어 + 동사 + 목적어(명사) → (명사)을/를 좋아하다

- Saya **suka** pulau Bali. 저는 발리 섬을 좋아합니다.
- Adik saya **suka** film horror. 저의 동생은 공포 영화를 좋아합니다.

[부정형태]

- Saya **tidak** suka buku komik. 저는 만화책을 좋아하지 않습니다.
- Sepupu saya **tidak** suka masakan pedas. 제 조카는 매운 음식을 좋아하지 않습니다.

2) 주어 + 동사 + 목적어(동사) → (동사)하는 것을 좋아하다

suka 동사 뒤에 동사가 연속해서 올 경우 따로 전치사나 형태의 변화가 없어도 '동사하는 것을 좋아하다'라는 의미로 해석합니다.

- Ibu Yura **suka memasak** makanan Jepang.
  유라의 어머니는 일본 음식을 요리하는 것을 좋아합니다.
- Keluarga saya **suka menonton** film di bioskop.
  저희 가족은 영화관에서 영화를 보는 것을 좋아합니다.
- Teman-teman dan saya **suka bermain** game.
  친구들과 저는 게임을 하는 것을 좋아합니다.

[부정형태]

- Ibu saya **tidak** suka berbelanja di mal.
  저의 어머니는 백화점에서 쇼핑하는 것을 좋아하지 않습니다.
- Ayah saya **tidak** suka menonton televisi.
  저의 아버지는 텔레비전 보는 것을 좋아하지 않습니다.

각각의 부정형태에서 살펴본 바와 같이 인도네시아어에는 '싫어하다'라는 표현이 따로 없습니다. 따라서 '싫어하다'라는 표현은 tidak suka로 표현할 수 있습니다.

Ungkapan

11-3

육하원칙을 활용하여 상대방이 좋아하는 것을 묻는 표현을 알아보겠습니다. (OPI 시험의 취미를 묻고 답하는 방식으로 구성하였습니다.)

1 apa - 무엇

질문

- Anda suka **apa**? 당신은 무엇을 좋아하나요?
- **Apa** kesukaan Anda? 당신이 좋아하는 것은 무엇인가요?
- **Apa** hobi Anda? 당신의 취미는 무엇인가요?
- Anda melakukan **apa** waktu **luang** Anda?
  당신은 여가시간에 무엇을 하나요?

대답

- Saya suka olahraga. 저는 운동을 좋아해요.
- Saya suka bermain sepak bola. 저는 축구하는 것을 좋아해요.
- Hobi saya menyanyi. 제 취미는 노래를 부르는 것입니다.
- Saya suka menonton film waktu **luang** saya.
  저는 여가시간에 텔레비전 보는 것을 좋아해요.

일반의문사 apakah

apa를 이용하여 좋아하는 것이 무엇인지 묻기도 하지만, 아래와 같이 일반의문사를 활용한 질문을 하기도 합니다.

질문

- **Apakah** Anda suka olahraga? 당신은 운동을 좋아하나요?
- **Apakah** Anda suka menonton film? 당신은 영화보는 것을 좋아하나요?

대답

- Ya. Saya suka menonton film. 네. 저는 영화보는 것을 좋아해요.
- Tidak. Saya tidak suka menonton film. Saya suka membaca novel.
  아니요. 저는 영화보는 것을 좋아하지 않아요. 저는 소설을 읽는 것을 좋아해요.
- Tidak. Saya suka memancing. 아니요. 저는 낚시를 좋아해요.

2 mana - 어디

질문

- Anda berolahraga di **mana**? 당신은 어디에서 운동을 하나요?
- Biasanya Anda bermain sepak bola di **mana**?
  보통 당신은 어디에서 축구를 하나요?

대답

- Saya berolahraga di gym. 저는 헬스장에서 운동을 해요.
- Biasanya saya bermain sepak bola di lapangan sepak bola di dekat rumah saya.
  보통 저는 집 근처에 있는 축구경기장에서 축구를 합니다.

3 berapa - 기간과 빈도

질문

- Sudah **berapa** lama Anda berolahraga di gym?
  헬스장에서 운동을 얼마 동안 해오고 있나요?
- **Berapa** kali Anda bermain sepak bola dalam seminggu?
  일주일에 몇 번 축구를 하나요?

대답

- Saya sudah 6 bulan berolahraga di gym.
  저는 6개월 동안 헬스장에서 운동을 해오고 있습니다.
- Saya bermain sepak bola seminggu sekali.
  저는 일주일에 한 번 축구를 합니다.

4 kenapa - 왜

질문

- **Kenapa** Anda suka menonton film Korea?
  왜 당신은 한국영화를 보는 것을 좋아하나요?
- **Kenapa** Anda suka bermain piano? 왜 당신은 피아노 연주를 좋아하나요?

대답

- Saya suka menonton film Korea karena saya suka artis Korea.
  저는 한국 연예인을 좋아하기 때문에 한국영화를 보는 것을 좋아합니다.
- Saya bermain piano untuk menghilangkan stres.
  저는 스트레스를 해소하기 위해서 피아노를 연주해요.

Latihan

1 다음을 듣고 빈칸을 채워보세요. 11-4

1 ______________________

2 ______________________

3 ______________________

4 ______________________

5 ______________________

2 다음의 질문에 본인의 취미를 바탕으로 대답해보세요.

1 Apakah Anda suka berolahraga?

____

2 Anda berolahraga di mana?

____

3 Seminggu berapa kali Anda berolahraga?

____

4 Anda berolahraga dengan siapa?

____

5 Kenapa Anda suka berolahraga?

____

3 다음을 읽고 이어지는 질문에 답하세요.

Hobi Keluarga Saya

Saya suka lari. Biasanya saya lari pada pagi hari di dekat rumah saya. Kadang-kadang saya lari dengan kakak laki-laki saya karena dia juga suka lari. Pada hari minggu lalu, kita lari dari Sudirman sampai Bundaran HI. Setiap hari Minggu jalan itu tidak ada mobil dari jam 6–11 pagi.

Ibu saya sangat suka memasak. Waktu pulang dari lari, ibu saya sudah memasak sarapan. Keluarga saya makan bersama. Ayah saya suka membaca koran. Beliau membaca koran setiap hari.

1 Hobi kakak laki-laki dia apa?

---

2 Kenapa mereka lari dari Sudiramn sampai Bundaran pada hari minggu?

---

3 Apakah ibu suka lari?

---

4 Siapa suka membaca koran?

---

5 Berapa sering dia dan kakaknya lari bersama?

PELAJARAN 12

신체

오늘 전 너무 피곤해요.

Hari ini saya lelah sekali.

Percakapan

12-1

Hadi: Erika, ada apa? Keliatannya kamu sakit.

Erika: Hari ini saya lelah sekali. Saya tidak bisa tidur semalam.

Hadi: Kenapa tidak bisa tidur?

Erika: Kepala saya sakit sejak kemarin.

Hadi: Kamu sudah minum obat?

Erika: Belum. Saya ingin membeli obat hari ini.

Hadi: Mudah-mudahan cepat sembuh, ya.

Erika: Makasih, Hadi.

Hadi: 에리카, 무슨 일 있어? 너 아파 보여.

Erika: 오늘 나 너무 피곤해. 나 어젯 밤에 잠을 잘 수 없었어.

Hadi: 왜 잠을 못 잤어?

Erika: 어제부터 머리가 계속 아파.

Hadi: 너 약은 먹었어?

Erika: 아직. 오늘 약을 사려고.

Hadi: 모쪼록 빨리 낫길 바랄게.

Erika: 고마워, 하디야.

Kosakata baru

sakit 아픈

semalam 전 날

obat 약

mudah-mudahan (구어체) ~하길 바라요

cepat 빠른

sembuh 낫다

Kosa Kata

12-2

1 신체

1) wajah – 얼굴

muka	얼굴	bibir	입술
rambut	머리카락	mulut	입
kepala	머리	lidah	혀
dahi	이마	gigi	이
alis mata	눈썹	pipi	볼
mata	눈	dagu	턱
hidung	코	kumis	콧수염
telinga/kuping	귀	janggut	턱수염

2) tubuh – 몸

badan	몸	dada	가슴
siku	팔꿈치	perut	배
leher	목	paha	허벅지
bahu/pundak	어깨	lutut	무릎
tangan	팔/손	kaki	다리 / 발
siku	팔꿈치	punggung	등
kuku	손톱/발톱	pinggang	허리
jari tangan	손가락	jari kaki	발가락

2 인물, 성격 묘사

1) 인물 묘사

cantik/ganteng	예쁜/잘생긴	jelek	못생긴
muda	어린	tua	나이가 많은
tinggi	키가 큰	pendek	키가 작은
sehat	건강한	sakit	아픈
kuat	강한	lemah	연약한
mancung	(코가) 높은	pesek	(코가) 낮은
gemuk	뚱뚱한	kurus	마른
tebal	두꺼운	tipis	얇은
besar	큰	kecil	작은
lelah	(신체적으로) 피곤한	capek	(정신적으로) 피곤한

2) 성격 묘사

bagus	좋은	jelek	나쁜
baik	좋은, 편안한		
ramah	친절한	galak	거친
bangga	자랑스러운	malu	부끄러운
tenang	침착한	marah	화난
sopan	예의바른	sombong	거만한, 건방진
jujur	진실한, 솔직한	bohong	거짓된, 거짓말하는

Tata Bahasa

1 형용사의 쓰임

1) 형용사의 명사 수식 구조

형용사가 명사를 수식할 때는 한국어와 반대로 후치수식 구조를 가집니다. 앞서 배운 복합명사의 후치수식 구조와 동일하다는 점을 인지하면서 다음 예문을 통해 살펴보겠습니다.

한국어	인도네시아어
나의 인도네시아어 선생님	guru bahasa Indonesia saya

한국어 구조	인도네시아어 구조
예쁜 동생	adik cantik
잘생긴 형	kakak ganteng
두꺼운 입술	bibir tebal
큰 눈	mata besar

- Bapak **ganteng** itu guru bahasa Inggris. 저 **잘생긴** 분은 영어 선생님입니다.
- Buku basaha **tebal** ini buku bahasa Tiongkok. 이 **두꺼운** 언어 책은 중국어 책입니다.
- Saya membeli bunga **cantik**. 저는 **예쁜** 꽃을 샀습니다.
- Dia tidak mempunyai mata **besar**. 그는 **큰** 눈을 가지고 있지 않습니다.

2) 형용사의 동사 자리

인도네시아어는 한국어와 마찬가지로 형용사를 동사 자리에 그대로 쓸 수 있으며, 단어의 모양도 변하지 않습니다.

Saya sehat. 저는 건강합니다. 주어 형용사 (형용사의 동사역할)

- Adik saya **cantik**. 제 동생은 **예쁩니다**.
- Hidung kakak saya **pesek**. 저의 오빠의 코는 **낮습니다**.
- Mata ayah saya **besar**. 저의 아버지의 눈은 **큽니다**.
- Alis mata saya **tebal**. 저의 눈썹은 **두껍습니다**.

위 예시 문장에서 sehat 자체가 동사의 역할을 하므로 다른 동사는 오지 않습니다. adalah 동사는 '명사'와 '명사 구문'에만 쓰인다는 것을 명심해야 하며, 형용사 구문의 부정은 다음과 같이 표현합니다.

Saya **tidak** sehat. 저는 건강하지 않습니다. 주어 **부정부사** 형용사 (형용사의 동사역할)

- Adik saya **tidak** tinggi. 제 동생은 키가 크지 않습니다.
- Kakak saya **tidak** gemuk. 저의 형은 뚱뚱하지 않습니다.
- Mata ibu saya **tidak** kecil. 저의 어머니의 눈은 작지 않습니다.
- Badan saya **tidak** sakit. 저는 (저의 몸은) 아프지 않습니다.

adalah의 부정은 bukan이며, 그 외의 동사를 부정하는 부정부사는 tidak입니다. 앞서 설명한 바와 같이 인도네시아어의 형용사는 동사와 같이 쓰일 수 있으므로 부정을 할 때는 마찬가지로 tidak을 써야 합니다.

3 조동사

조동사 자리에 쓰이는 부사어를 살펴봅시다.

1) 조동사의 종류

일반체	격식체	의미
mau	ingin	원하다
bisa	dapat	가능하다
harus	-	해야만 한다
	boleh	해도 좋다

2) 조동사의 위치: 조동사는 동사 앞에 위치합니다.

Saya **harus** memcuci piring. 저는 설거지를 해야만 합니다.
조동사 동사

- Saya **mau** pergi ke pulau Jeju. 나는 제주도에 가고 싶어.
- Saya **ingn** pergi ke pulau Jeju. 저는 제주도에 가고 싶어요.

- Saya **bisa** berangkat sekarang. 나는 지금 출발할 수 있어.
- Saya **dapat** berangkat sekarang. 저는 지금 출발할 수 있어요.

- Saya **harus** masuk kantor sampai jam 9. 저는 9시까지 출근을 해야 합니다.
- Anda **boleh** pulang sekarang. 당신은 지금 퇴근해도 좋습니다.

3) 부정부사와의 결합: 부정부사는 조동사 앞에 위치합니다.

- Saya **tidak mau** makan siang. 나는 점심을 먹고 싶지 않아.
- Saya **tidak ingn** makan siang. 저는 점심을 먹고 싶지 않아요.

- Saya **tidak bisa** mengirim SMS. 나는 문자를 보낼 수 없어.
- Saya **tidak dapat** mengirim SMS. 저는 문자를 보낼 수 없어요.

- Anda **tidak harus** datang jam 7 pagi. 당신은 아침 7시까지 오지 않아도 됩니다.
- Anda **tidak boleh** masuk kamar itu. 당신은 그 방에 들어가면 안 됩니다.

Ungkapan

12-3

질문

- Bagaimana sifat Anda?
  = Bagaimana karakter Anda? 당신의 성격은 어때요?

대답

- Sifat saya jujur dan ramah. 제 성격은 솔직하고 친절해요.
- Karakter saya tenang dan sopan. 제 성격은 침착하고 예의 발라요.

Hadi: Bagaimana karakter atasan kamu?
Erika: Atasan saya ramah, sopan, dan baik hati.
Hadi: Wah, dia tidak pernah marah?
Erika: Dia marah jika kami tidak jujur. Dia suka orang.

Hadi: 네 상사의 성격은 어때?
Erika: 내 상사는 친절하시고, 예의 있으시고, 맘씨가 좋으셔.
Hadi: 우와, 화낸 적은 없어?
Erika: 우리가 정직하지 않으면 화내셔. 그는 솔직한 걸 좋아해.

Latihan

1 다음을 듣고 빈칸을 채워보세요. 12-4

1 ______________________

2 ______________________

3 ______________________

4 ______________________

5 ______________________

2 다음 문장의 빈칸에 들어갈 알맞은 조동사를 적으세요.

1 Ibu saya ____________ ____________ memasak hari ini.
어머니는 오늘 요리하고 싶어하지 않습니다.

2 Saya ____________ makan lagi! 나 더 먹을 수 있어!

3 Saya ____________ membalas surat kepada nenek saya.
전 할머니에게 답장을 해야만 해요.

4 Anda ____________ masuk. 당신은 들어가도 좋아요.

3 다음 질문에 대해 대답해보세요.

1 Bagaimana sifat Anda?

____

2 Apakah hidung Anda mancung?

____

3 Kapan Anda sakit kepala?

____

4 Bagaimana karakter guru bahasa Indonesia Anda?

____

PELAJARAN 13

의뢰

그 치마는 아주 예쁘고 싸요.

Rok itu sangat bagus dan murah juga.

Percakapan

13-1

Erika: Yura, bagaimana celana hitam ini?

Yura: Menurut saya celana itu terlalu mahal.

Erika: Oh ya, mahal sekali! Um… kalau begitu bagaimana rok biru ini?

Yura: Rok itu sangat bagus dan murah juga.

Erika: Iya, kemeja itu juga bagus, kan?

Yura: Kelihatannya kemeja itu besar.

Erika: Oh ya? Hmm… saya mau coba dulu!

Erika: 유라야, 이 검은 바지 어때?

Yura: 제 생각에 그 바지는 너무 비싼 것 같아요.

Erika: 어 그러네, 너무 비싸다! 음… 그럼 이 파란 치마는 어때?

Yura: 그 치마는 아주 예쁘고 싸기도 해요.

Erika: 응, 이 셔츠도 좋다, 그렇지?

Yura: 그 셔츠는 커 보여요.

Erika: 그래? 음... 먼저 입어볼래!

Kosakata baru

hitam 검정

menurut + 명사 (명사)의 생각에는

biru 파랑

coba 시도하다, 해보다

Kosa Kata

13-2

1 의류

kemeja	셔츠	kaos	티
blus	블라우스	jas	재킷
jaket	점퍼	rok	치마
jins	청바지	celana	바지
dasi	넥타이	mantel	코트/외투
sapu tangan	손수건	topi	모자
sarung tangan	장갑	kaos kaki	양말
celana dalam	팬티	beha	브래지어
sepatu	신발	sandal	샌들
seragam	유니폼	syal	스카프

2 착탈

memakai	입다, 쓰다, 끼다, 쓰다 등(몸에 무언가를 착용할 때 사용)
membuka	벗다

3 사물 묘사

bagus	좋은	jelek	나쁜, 못생긴
indah	아름다운		
tinggi	높은	rendah	낮은
luas	넓은	sempit	좁은
mahal	비싼	murah	싼
baru	새로운	lama/tua	오래된/낡은
besar	큰	kecil	작은
cepat	빠른	lambat	느린
terang	밝은	gelap	어두운
ringan	가벼운	berat	무거운
tipis	얇은	tebal	두꺼운
mudah/gampang	쉬운	susah/sulit	어려운
bersih	깨끗한	kotor	더러운
rapi	정돈된	berantakan	어지러운
panjang	긴	pendek	짧은

Tata Bahasa

1 정도부사와 빈도부사

1) 정도부사

정도부사는 일반적으로 형용사를 수식합니다.

agak	약간
cukup	꽤, 충분히
sangat	아주
terlalu	너무

정도부사의 문장 배열: 정도부사 + 형용사

- Celana itu **terlalu** mahal. 그 바지는 너무 비쌉니다.
  주어 부사 형용사의 동사자리
- Rok itu **sangat** cantik. 그 치마는 정말 예쁩니다.
  주어 부사 형용사의 동사자리
- Blus saya **cukup** baru. 제 셔츠는 꽤 새 것입니다.
  주어 부사 형용사의 동사자리
- Sepatu itu **agak** kecil. 그 신발은 약간 작습니다.
  주어 부사 형용사의 동사자리

sekali

구어체에서 쓰이는 정도부사 sekali는 다른 정도부사와 달리 형용사의 뒤에 위치합니다. 사전적으로는 sangat(매우)라는 의미를 가지고 있으나 실제 회화에서 terlalu(너무)의 형태로도 쓰입니다.

- Celana itu mahal **sekali.** 그 바지는 너무 비쌉니다.
- Rok itu cantik **sekali.** 그 치마는 매우 예쁩니다.

2) 빈도부사

빈도부사는 일반적으로 동사를 수식합니다.

selalu	항상
sering	자주
kadang-kadang	가끔
jarang	드문

빈도부사의 문장 배열: 빈도부사 + 동사

- Dia **selalu** tidur jam 11 malam.
  그는 항상 11시에 잡니다.
- Keluarga Yura **sering** makan di restoran Jepang.
  유라의 가족은 자주 일본음식점에서 식사를 합니다.
- Saya **kadang-kadang** mengajar bahasa Korea kepada teman saya.
  저는 가끔 친구에게 한국어를 가르칩니다.
- Kami **jarang** ada di sini.
  저희는 여기에 거의 없어요.

2 전치사 dengan

이전 과에서 배운 형용사의 쓰임에 이어 전치사 dengan의 쓰임에 대해 살펴보겠습니다. dengan은 의미적인 기능도 있지만 품사를 변화시키는 기능도 있으므로 중요하게 살펴보아야 합니다.

1) 지시대명사, 사람 앞에서 '~와/과'라는 의미

- Saya pergi **dengan** ibu.
  저는 어머니와 가요.
- Adik saya makan **dengan** teman-teman.
  제 동생은 친구들과 먹습니다.
- Ibu dewi ada di dalam kelas **dengan** murid.
  데위 선생님은 학생들과 교실 안에 있습니다.

*dalam은 말하는 사람에 따라 생략하고 사용할 수 있습니다.

2) 수단으로서 '~로/~으로'라는 의미

- Saya pergi **dengan** bus.
  저는 버스로 갑니다.
- Ayah membeli celana **dengan** kartu kredit.
  아버지는 신용카드로 바지를 삽니다.
- Ibu dewi sedang mengajar bahasa Indonesia **dengan** online.
  데위 선생님은 온라인으로 인도네시아어를 가르치십니다.

3) 형용사의 부사형으로서 '~하게/~히'라는 의미

- Saya belajar **dengan** rajin. 저는 열심히 공부합니다.
- Dia berbicara **dengan** cepat. 그는 빠르게 말합니다.
- Ibu mencuci piring **dengan** bersih. 어머니는 깨끗이 설거지를 합니다.

Ungkapan

13-3

1 빈도 묻기

빈도부사를 활용한 질문유형

- **berapa sering:** 얼마나 자주
- 기간 + **berapa kali:** 기간에 몇 번
- **berapa kali** ~ (**dalam**) 기간: 기간에 몇 번

- **Berapa sering** Anda berjalan-jalan dengan anjing?
  당신은 강아지와 얼마나 자주 산책을 가나요?
- **Seminggu berapa kali** kalian bermain sepak bola?
  여러분은 일주일에 몇 번 축구를 하나요?
- **Berapa kali** Anda minum kopi **dalam sehari**?
  당신은 하루에 몇 번 커피를 마시나요?

기간과 횟수 표현

기간 - 횟수		횟수(dalam*) - 기간	
3 bulan 2 kali	3개월에 2번	2 kali dalam 3 bulan	3개월에 2번
setahun 5 kali	1년에 5번	5 kali dalam setahun	1년에 5번
2 minggu sekali	2주에 1번	sekali dalam 2 minggu	2주에 1번

빈도부사를 활용한 표현

- Saya **sering** berjalan-jalan dengan anjing. 저는 종종 강아지와 산책을 합니다.
- Kita **jarang** bermain sepak bola. 우리는 거의 축구를 하지 않습니다.
- Saya **selalu** minum kopi. 저는 항상 커피를 마십니다.

기간과 횟수를 구체화한 표현

- Saya berjalan-jalan dengan anjing **seminggu sekali.**
  저는 일주일에 1번 저녁에 강아지와 산책을 합니다.
- Kita bermain sepak bola **seminggu 2 kali.**
  우리는 일주일에 2번 축구를 합니다.
- Saya minum kopi **3 kali dalam sehari.**
  저는 하루에 3번 커피를 마십니다.

2 dengan을 활용한 회화

1) 누구와

- Biasanya Anda membersihkan rumah **dengan** siapa?
  보통 당신은 누구와 집 청소를 하나요?

  → Biasanya saya membersihkan rumah **dengan** adik saya.
  보통 저는 동생과 방을 청소합니다.

- Anda berbelanja **dengan** siapa minggu lalu?
  지난주에 당신은 누구와 쇼핑을 했나요?

  → Saya berbelanja **dengan** ibu saya minggu lalu.
  저는 지난주에 어머니와 쇼핑했습니다.

2) 수단(~로)

- Anda datang ke sini **dengan** apa?
  당신은 무엇을 타고 여기에 왔나요?

  → Saya datang ke sini **dengan** kereta bawah tanah.
  저는 지하철을 타고 여기에 왔습니다.

- Dia akan berangkat **dengan** apa?
  그는 무엇을 타고 출발할 것인가요?

  → Dia akan berangkat **dengan** mobil sendiri.
  그는 자신의 차로 출발할 것입니다.

3) 형용사(~히)

- Bagaimana Anda belajar bahasa Indonesia?
  당신은 어떻게 인도네시아어를 공부하나요?

  → Saya belajar bahasa Indonesia **dengan** rajin.
  저는 인도네시아어를 열심히 공부합니다.

- Bagaimana ibu sedang beristirahat?
  어머니는 어떻게 쉬고 계신가요?

  → Ibu sedang beristirahat **dengan** santai.
  어머니는 현재 한가하게 쉬고 계십니다.

Latihan

1 다음을 듣고 빈칸을 채워보세요. 13-4

1 ____________________

2 ____________________

3 ____________________

4 ____________________

5 ____________________

2 다음 주어진 단어들을 바르게 배열하세요.

1 terlalu / mahal / celana / dia / .

____

2 3 kali / setahun / berjalan-jalan / kami / keluarga / ke / luar negeri / .

____

3 selalu / ramah / saya / atasan / dan / baik hati / .

____

4 kantin / sering / saya / dengan / makan siang / teman-teman / di / .

____

5 tua / jin / adikku / dan / kecil / kotor / .

____

3 다음 내용을 듣고 질문에 답하세요.

Komunitas Baca Buku

Saya adalah seorang anggota komunitas baca buku di kampus. Saya sangat suka membaca buku. Komunitas kami harus membaca lebih dari sebuah buku dalam 2 minggu. Kami bertemu sebulan 2 kali di perpustakaan. Kita berdiskusi tentang buku-buku waktu itu.

Jumlah anggota komunitas kami 6 orang. Kami boleh membaca buku apa saja selama 2 minggu. Saya sedang membaca novel baru. Kemarin saya sudah membaca buku esai. Jadi kali ini saya ingin membaca tipe buku yang lain. Saya sangat senang menunggu pertemuan kami.

1 Dia anggota apa?

---

2 Komunitas baca buku bertemu sebulan berapa kali?

---

3 Mereka harus membaca berapa buah buku?

---

4 Kenapa dia membaca novel baru?

PELAJARAN 14

맛

저는 빠당 볶음밥을 가장 좋아합니다.

Saya paling suka nasi goreng Padang.

Percakapan

14-1

Kosakata baru

burger 햄버거

barat 서/서쪽

terkenal 유명한

pinggir (길/해변 등의) 갓길/가

ayo (청유) ~하자, ~해요

Agus: Erika, kamu mau makan apa?

Erika: Bagaimana kita makan burger di depan kampus? Ada restoran baru di sana.

Hadi: Oh, Saya kurang suka masakan barat. Bagaimana masakan Padang?

Erika: Saya suka sekali masakan Padang karena saya suka rasa pedas.

Agus: Saya juga, saya paling suka nasi goreng Padang.

Hadi: Bagus. Warung terkenal ada di pinggir jalan ini.

Agus, Erika: Ayo!

Agus: 에리카, 너 뭐 먹고 싶어?

Erika: 학교 앞에서 햄버거를 먹는 건 어때? 거기에 새 레스토랑이 있어.

Hadi: 아, 나 서양요리를 그다지 좋아하지 않아. 빠당요리는 어때?

Erika: 난 매운 걸 좋아해서 빠당요리를 정말 좋아해.

Agus: 나도, 나는 빠당 볶음밥을 가장 좋아해.

Hadi: 좋다. 유명한 식당이 이 길가에 있어.

Agus, Erika: 가자!

Kosa Kata

14-2

1 rasa 맛

enak	맛있는	tidak enak*	맛이 없는
pedas	매운	hambar*	싱거운, 간이 덜 된
manis	단	tawar*	아무 맛이 나지 않는
asin	짠	amis	비린
asam	신	gurih	고소한
sepat	떫은	pahit	쓴

tidak enak VS hambar VS tawar

- tidak enak: 음식이 맛있지 않을 경우
- hambar: 음식에 간을 했지만 간이 덜 되었을 경우
- tawar: 간이 덜 되었거나 마실 것에 아무것도 넣지 않은 상태인 경우

인도네시아 음료 메뉴 중 teh tawar를 쉽게 찾을 수 있습니다. 이는 '아무것도 첨가하지 않은 차'라고 보면 됩니다. 따라서 녹차나 홍차든 그 차의 본연의 맛을 느낄 수 있습니다. 시럽이나 설탕이 첨가된 달달한 차를 원하면 teh manis를 시키면 됩니다.

2 음식 관련 장소

restoran	식당	kaki lima	노점
warung	식당/분식집	supermarket	슈퍼마켓
kantin	교내/사내 식당	mal	백화점
pasar	시장	toko	가게

3 warna 색

putih	하얀, 하양	hitam	검은, 검정
merah	빨간, 빨강	jingga/oranye	주황
biru	파란, 파랑	hijau	초록인, 초록
ungu	보라	kuning	노란, 노랑
abu-abu	회색	cokelat	갈색

muda ←——→ tua
연한 진한

색의 진하고 연함을 표현할 때는 형용사 muda와 tua를 활용하여 표현할 수 있습니다.

- Warna biru **muda** 연한 파란색
- Warna merah **muda** 연한 빨간색
- Warna hijau **tua** 진한 초록색
- Warna ungu **tua** 진한 보라색

Tata Bahasa

1 비교급

이번 과에서는 앞선 세 과에 걸쳐 배운 형용사를 바탕으로 비교의 다양한 형태에 대해 알아보겠습니다.

1) 비교급

비교는 크게 우등비교와 열등비교로 나눌 수 있습니다.

(1) 우등비교

주어 lebih 형용사 + daripada 비교 대상

- Saya **lebih** suka nasi. 저는 밥을 더 좋아합니다.
- Saya **lebih** suka nasi **daripada** mi. 저는 면보다 밥을 더 좋아합니다.

- Komputer baru ini **lebih** bagus. 이 새 컴퓨터는 더 좋습니다.
- Komputer baru ini **lebih** bagus **daripada** komputer lama itu.
  이 새 컴퓨터는 저 오래된 컴퓨터보다 더 좋습니다.

(2) 열등비교

주어 kurang 형용사 + daripada 비교 대상

- Gedung ini **kurang** tinggi.
  이 빌딩은 덜 높습니다.
- Gedung ini **kurang** tinggi **daripada** gedung itu.
  이 빌딩은 저 빌딩보다 덜 높습니다.

- Meja adik **kurang** berat.
  동생의 책상은 덜 무겁습니다.
- Meja adik **kurang** berat **daripada** meja saya.
  동생의 책상은 제 책상보다 덜 무겁습니다.

위 예문에서 살펴본 바와 같이 비교 대상을 생략할 수 있습니다. 비교 대상을 표현할 때는 '보다'의 의미를 지닌 daripada를 전치사구로써 연결하여 사용합니다.

2) 동급

같은 대상을 표현할 때 사용하며, 두 가지 형태로 표현할 수 있습니다.

주어 sama 형용사 + dengan 비교 대상 / 주어 se-형용사 비교 대상

- Nasigoreng ini **sama** enak **dengan** rendang itu.
  = Nasigoreng ini **se**enak rendang itu. 이 나시고랭은 저 른당만큼 맛있습니다.
- Celana ini **sama** murah **dengan** kemeja itu.
  = Celana ini **se**murah kemeja itu. 이 바지는 저 셔츠만큼 쌉니다.
- Adik **sama** tinggi **dengan** kakak laki-laki.
  = Adik **se**tinggi kakak laki-laki. 동생은 형만큼 큽니다.

위 예문에서 살펴본 바와 같이 sama를 접사 se로 표현할 경우 전치사 dengan은 쓰지 않습니다.

3) 최상급

최상급은 가장 최상인 것을 표현할 때 사용합니다. 최상의 범주를 한정하는 표현과 한정 없이 사용하는 표현 두 가지로 나눌 수 있습니다.

주어 paling 형용사 di/di antara 한정

- Kaos hitam **paling** cantik. 검정 티는 가장 예쁩니다.
- Kaos hitam **paling** cantik **di** toko ini. 검정 티는 이 가게에서 가장 예쁩니다
- Penyanyi itu **paling** terkenal. 그 가수는 가장 유명합니다.
- Penyanyi iitu **paling** terkenal **di** Indonesia. 그 가수는 인도네시아에서 가장 유명합니다.
- Dia **paling** tua. 그는 가장 나이가 많습니다.
- Dia **paling** tua **di antara** kami. 그는 우리 중에서 가장 나이가 많습니다.

위 예문에서 살펴본 바와 같이 최상급을 표현할 때 대상이 최상인 범주를 한정짓기 위해서는 di 또는 di antara 등을 활용하여 표현할 수 있습니다.

2 전치사 bagi

지난 10과에서 '~에게'라는 의미를 지닌 전치사 kepada를 배웠습니다. 이번 과에서 배울 bagi 역시 '~에게'라는 의미를 가지고 있습니다. 다만 쓰임에 차이가 있습니다.

- Kimcih ini pedas **bagi** saya. 이 김치는 저에게 매워요.
  → 개인의 의견이나 감정

- Ibu memberi kimci **kepada** saya. 어머니께서 저에게 김치를 주셨습니다.
  → 동작

bagi와 kepada의 가장 큰 차이점은 bagi는 개인의 의견이나 감정이 들어간 표현이며, kepada는 동작의 의미가 들어간 표현이라는 것입니다. 아래의 예문을 통해 좀 더 자세히 살펴보겠습니다.

1) bagi

- Lagu itu paling bagus **bagi** saya.
  그 노래는 제게 가장 좋습니다.
- Soal ini terlalu mudah **bagi** murid-murid.
  이 문제는 학생들에게 너무 쉽습니다.
- Teh melati agak pahit **bagi** ayah.
  재스민 차는 아버지에게 조금 씁니다.

2) kepada

- Nenek mengirim surat **kepada** cucunya.
  할머니는 그녀의 손자에게 편지를 보냈습니다.
- Kakak perempuan membeli sepatu **kepada** adik.
  누나는 동생에게 신발을 사줬습니다.

Ungkapan

14-3

기호 물어보기

질문

- Anda paling suka warna apa? 당신은 무슨 색을 가장 좋아하나요?
- Makanan apa Anda paling suka? 당신은 무슨 음식을 가장 좋아하나요?
- Musim apa Anda paling suka? 당신은 무슨 계절을 가장 좋아하나요?

대답

- Saya paling suka warna biru. 저는 파란색을 가장 좋아합니다.
- Saya suka semua makanan. 저는 모든 음식을 좋아해요.
- Saya sama suka musim bunga dengan musim gugur. Tetapi saya tidak suka musim panas dan dingin.
  저는 가을만큼 봄을 좋아해요. 하지만 저는 겨울과 여름을 싫어합니다.

Latihan

1 다음을 듣고 빈칸을 채워보세요. 14-4

1 ....

2 ....

3 ....

4 ....

5 ....

2 다음 주어진 단어들을 바르게 배열하세요.

1 daripada / lebih / panjang / rok merah / rok hitam / .

....

2 apa / paling / enak / makanan / bagi / Anda / ?

....

3 pedas / makanan / enak / kurang / saya / bagi / ini / dan / .

....

4 paling / di / kita / antara / pintar / dia / .

....

5 dengan / sama / kelas / terang / ruang / tamu / ini / itu / .

....

3 다음 질문에 대한 알맞은 대답을 쓰세요.

1 Anda paling suka warna apa?

....

2 Apakah ongkos tiket pesawat lebih murah daripada ongkos bus?

....

3 Apakah Anda sama suka makanan pedas dengan makanan manis?

----

4 Apakah musim gugur kurang dingin daripada musim dingin?

----

4 다음 비교 대상을 알맞은 형용사를 활용하여 비교하세요.

1 teh / kopi

----

2 HP / buku

----

3 celana / rok

----

4 tomat / apel

----

5 musim panas / musim dingin

----

5 다음 빈칸에 '~에게/게'에 해당하는 pada / kepada / bagi 중 알맞은 것을 넣으세요.

1 Kita masuk kantor ________ jam 9 pagi.

2 Celana ini agak besar ________ kakak.

3 Saya memberi buku ________ teman saya.

4 Musim panas akan mulai ________ bulan Juni di Korea.

5 Buku-buku itu terlalu berat ________ adik saya.

PELAJARAN 15

날씨

저는 노래를 들으면서 달리는 걸 좋아해요.

Saya suka lari sambil mendengarkan musik.

Percakapan

15-1

Dewi: Kalian akan pergi ke mana saja pada akhir pekan ini?

Adit: Saya akan lari ke taman di dekat rumah saya.

Dewi: Bagus. Kamu lari ke sana dengan siapa?

Adit: Sendiri saja. Saya suka lari sambil mendengarkan musik.

Yura: Saya akan membaca buku. Cuaca di luar sudah mulai dingin.

Budi: Saya akan menonton film di bioskop dengan pacar saya.

Dewi: Baik semua. Selamat akhir pekan!

Dewi: 이번 주말에 너희들 어디에 갈 거니?

Adit: 저는 집 근처에 있는 공원에 뛰러 갈 거예요.

Dewi: 좋구나. 거기에 누구랑 뛰러 갈 거니?

Adit: 저 혼자요. 저는 노래를 들으면서 달리는 걸 좋아해요.

Yura: 저는 책을 읽을 거예요. 바깥 날씨가 이미 추워서요.

Budi: 저는 애인과 함께 영화관에서 영화를 볼 거예요.

Dewi: 모두들 좋아요. 즐거운 주말 보내세요!

Kosakata baru

akhir pekan 주말

sendiri 혼자/스스로

sambil ~하는 동안

mendengarkan musik 음악을 듣다

Kosa Kata

15-2

1 alam 자연

mata hari	해	bulan	달
bintang	별	kabut	안개
awan	구름	hujan	비
angin	바람	gerimis	보슬비
salju	눈	gunung berapi	화산

2 cuaca 날씨

형용사

dingin	추운	panas	더운
sejuk	시원한	hangat	따듯한
lembap	습한	kering	건조한
mendung	흐린	cerah	맑은
deras	(비가) 많이 내리는	lebat	(비가) 많이 내리는

동사

turun	내리다	terbit	(해, 달이) 뜨다
berangin	바람이 불다	terbenam	(해, 달이) 지다
berkabut	안개가 끼다	bersalju	눈이 내리다

3 musim 계절

musim semi / musim bunga	봄	musim panas	여름
musim gugur	가을	musim dingin	겨울
musim kemarau	건기	musim hujan	우기

Tata Bahasa

1 시간접속사 waktu, ketika, saat - ~할 때

1) waktu

- Saya bermain internet. 저는 인터넷을 합니다.
- Adik membaca buku. 동생은 책을 읽습니다.

⇨ Adik membaca buku **waktu** saya bermain internet.
제가 인터넷을 할 때 동생은 책을 읽습니다.

⇨ Saya bermain internet **waktu** adik membaca buku.
동생이 책을 읽을 때 저는 인터넷을 합니다.

'~할 때'의 문장에서는 waktu를 기준으로 사건이 일어난 시간이 같으므로 앞 문장과 뒷 문장의 순서를 바꾸어도 크게 문제가 되지 않습니다. 또한 절을 도치하여 표현할 수도 있습니다.

⇨ **Waktu** saya bermain internet, adik membaca buku.
제가 인터넷을 할 때 동생은 책을 읽습니다.

⇨ **Waktu** adik saya membaca buku, saya bermain internet.
동생이 책을 읽을 때 저는 인터넷을 합니다.

✎ 위와 같이 시간전치사를 포함한 절이 문장의 앞으로 나올 때는 도치가 일어난 것이므로 절이 끝나는 지점에 ' , '를 표기해야 합니다.

위 문장에서 '~할 때'라는 표현의 waktu는 ketika 또는 saat으로 바꾸어 쓰더라도 의미는 같습니다.

2) ketika

- Adik membaca buku **ketika** saya bermain internet.
  제가 인터넷을 할 때 동생은 책을 읽습니다.
- Saya bermain internet **ketika** adik membaca buku.
  동생이 책을 읽을 때 저는 인터넷을 합니다.

도치문도 동일하며 의미는 같습니다.

- **Ketika** saya bermain internet, adik membaca buku.
  제가 인터넷을 할 때 동생은 책을 읽습니다.
- **Ketika** adik saya membaca buku, saya bermain internet.
  동생이 책을 읽을 때 저는 인터넷을 합니다.

3) saat

- Adik membaca buku **saat** saya bermain internet.
  제가 인터넷을 할 때 동생은 책을 읽습니다.
- Saya bermain internet **saat** adik membaca buku.
  동생이 책을 읽을 때 저는 인터넷을 합니다.

도치문도 동일하며 의미는 같습니다.

- **Saat** saya bermain internet, adik membaca buku.
  제가 인터넷을 할 때 동생은 책을 읽습니다.
- **Saat** adik saya membaca buku, saya bermain internet.
  동생이 책을 읽을 때 저는 인터넷을 합니다.

2 시간접속사 sebelum - ~이전에

- Ayah mencuci tangan. 아버지는 손을 씻습니다.
- Kita makan malam di rumah. 우리는 집에서 저녁 식사를 합니다.

⇨ Ayah mencuci tangan **sebelum** kita makan malam di rumah.
우리가 집에서 저녁 식사를 하기 전에 아버지는 손을 씻습니다.

위 문장은 sebelum을 기준으로 사건이 일어난 시간이 다르므로 앞 문장과 뒷 문장의 순서를 바꿀 수 없습니다. 다만 앞서 배운 것과 같이 절의 도치는 가능합니다.

⇨ **Sebelum** kita makan malam di rumah, ayah mencuci tangan.
우리가 집에서 저녁 식사를 하기 전에 아버지는 손을 씻습니다.

아래와 같이 주어가 같을 경우에는 한국어와 마찬가지로 부속절의 주어를 생략할 수 있습니다.

- Kita mencuci tangan. 우리는 손을 씻습니다.
- Kita makan malam di rumah. 우리는 집에서 저녁 식사를 합니다.

⇨ Kita mencuci tangan **sebelum** makan malam di rumah.
우리는 집에서 저녁 식사를 하기 전에 손을 씻습니다.

⇨ **Sebelum** makan malam di rumah, kita mencuci tangan.
우리는 집에서 저녁 식사를 하기 전에 손을 씻습니다.

3 시간접속사 sesudah, setelah - ~이후에

- Kami berbelanja di mal. 우리는 백화점에서 장을 봅니다.
- Ibu memasak makan malam. 어머니는 저녁 식사 요리를 합니다.

⇨ Ibu memasak makan malam **sesudah** kami berbelanja di mal.
우리가 백화점에서 장을 본 후에 어머니는 저녁 식사 요리를 합니다.

⇨ **Sesudah** kami berbelanja di mal, ibu memasak makan malam.
우리가 백화점에서 장을 본 후에 어머니는 저녁 식사 요리를 합니다.

아래와 같이 주어가 같을 경우에는 한국어와 마찬가지로 종속절의 주어를 생략할 수 있습니다.

- Ibu berbelanja di mal. 어머니는 백화점에서 장을 봅니다.
- Ibu memasak makan malam. 어머니는 저녁 식사 요리를 합니다.

⇨ Ibu memasak makan malam **sesudah** berbelanja di mal.
어머니는 백화점에서 장을 본 후에 저녁 식사 요리를 합니다.

⇨ **Sesudah** berbelanja di mal, ibu memasak makan malam.
어머니는 백화점에서 장을 본 후에 저녁 식사 요리를 합니다.

setelah는 sesudah와 동일하므로 같은 의미로 사용할 수 있습니다.

- Ibu memasak makan malam **setelah** kami berbelanja di mal.
우리가 백화점에서 장을 본 후에 어머니는 저녁 식사 요리를 합니다.
- **Setelah** kami berbelanja di mal, ibu memasak makan malam.
우리가 백화점에서 장을 본 후에 어머니는 저녁 식사 요리를 합니다.

4 동시동작 접속사 sambil - ~하면서

'~하면서'는 같은 시간에 일어난 두 가지 일에 대한 행위자가 같을 때 쓰입니다.

- Saya lari di taman. 저는 공원에서 달리기를 합니다.
- Saya mendengarkan musik. 저는 음악을 듣습니다.

⇨ Saya lari di taman **sambil** mendengarkan musik.
저는 음악을 들으면서 달리기를 합니다.

⇨ Saya mendengarkan musik **sambil** lari di taman.
저는 달리기를 하면서 음악을 듣습니다.

sambil은 동시에 일어난 일을 표현하므로 주절과 종속절의 내용이 뒤바뀌어도 의미에는 큰 차이가 없습니다. 또한 타 접속사와 마찬가지로 주절과 종속절을 도치할 수 있으며 동일하게 ' , '를 표기해야 합니다.

⇨ **Sambil** mendengarkan musik, saya lari di taman.
저는 음악을 들으면서 달리기를 합니다.

⇨ **Sambil** lari di taman, saya mendengarkan musik.
저는 달리기를 하면서 음악을 듣습니다.

주절과 종속절의 주어가 다를 경우에는 한국어와 마찬가지로 인도네시아어에서도 sambil을 쓸 수 없으며, '~할 때'라는 의미의 waktu를 쓸 수 있습니다.

- Dia menyanyi sambil saya mendengarkan musik. (×)
저는 음악을 들으면서 그는 노래를 합니다.
- Dia menyanyi **waktu** saya mendengarkan musik. (○)
제가 음악을 들을 때 그는 노래를 합니다.

Ungkapan

15-3

1 날씨 묻기

질문

- Bagaimana cuaca hari ini? 오늘 날씨는 어때요?
- Bagaimana cuaca di Jakarta? 자카르타의 날씨는 어때요?
- Bagaimana cuaca di Seoul hari ini? 오늘 부산 날씨는 어때요?

대답

오늘 날씨에 대한 표현

- Cuaca hari ini hangat.
  오늘 날씨는 따듯해요.
- Cuaca hari ini cukup hangat.
  오늘 날씨는 제법 따듯해요.
- Cuaca hari ini lebih hangat daripada kemarin.
  오늘 날씨는 어제보다 더 따듯해요.

특정 지역 날씨에 대한 표현

- Cuaca di Jakarta panas dan kering.
  자카르타의 날씨는 덥고 건조해요.
- Cuaca di Jakarta sangat panas dan agak kering.
  자카르타의 날씨는 정말 덥고 약간 건조해요.
- Cuaca di Jakarta sama panas dan kering dengan cuaca di Seoul.
  자카르타의 날씨는 서울의 날씨만큼 덥고 건조해요.

특정 지역의 오늘 날씨에 대한 표현

- Cuaca di Seoul hari ini bersalju.
  = Cuaca di Seoul hari ini turun salju.
  서울의 오늘 날씨는 눈이 내려요.
- Cuaca di Seoul hari ini bersalju banyak.
  = Cuaca di Seoul hari ini turun salju banyak.
  서울의 오늘 날씨는 눈이 많이 내려요.

2 계절 묻기

질문

- Sekarang musim apa di Korea? 지금 한국은 무슨 계절인가요?
- Indonesia memiliki berapa musim? 인도네시아에는 몇 개의 계절이 있어요?
- Anda paling suka musim apa? 당신은 무슨 계절을 가장 좋아하나요?

대답

현재 계절에 대한 표현

- Musim di Korea sekarang musim semi. 지금 한국의 계절은 봄이에요.
- Di Korea baru mulai musim semi. 한국은 막 봄이 시작되었어요.
- Di Korea sudah mau selesai musim semi. 한국은 봄이 이제 끝나가요.

계절 수에 대한 표현

- Indonesia memiliki dua musim, yaitu musim kemarau dan musim hujan.
  인도네시아에는 두 개의 계절이 있는데, 그것은 건기와 우기입니다.

좋아하는 계절에 대한 표현

- Saya paling suka musim semi karena ada banyak bunga.
  저는 꽃이 많은 봄을 가장 좋아해요.

Latihan

1 다음을 듣고 빈칸을 채워보세요. 15-4

1 ______________________

2 ______________________

3 ______________________

4 ______________________

5 ______________________

2 다음의 질문에 대한 알맞은 대답을 쓰세요.

1 Bagaimana cuaca hari ini?

____

2 Anda paling suka musim apa?

____

3 Korea memiliki berapa musim?

____

4 Anda melakukan apa sesudah sarapan?

____

5 Bagaimana cuaca di Busan hari ini?

____

3 다음을 읽고 이어지는 질문에 답하세요.

Hari ini Hujan Deras

Ibu saya adalah seorang ibu rumah tangga. Ibu saya suka berbelanja di pasar. Biasanya ibu berbelanja di pasar sebelum memasak makan malam. Pada siang hari ini ibu juga pergi ke pasar setelah membersihkan rumah.

Ibu suka melihat-lihat sambil berbelanja di sana. Beberapa jam kemudian, hujan mulai turun. Ibu masuk ke dalam sebuah toko karena ibu tidak membawa payung. Ibu menunggu sampai hujan berhenti.

Sambil menunggu hujan berhenti, ibu mengobrol dengan pedagang. Pedagang itu sangat ramah dan baik hati. Tidak lama kemudian, ibu pulang ke rumah karena hujan sudah berhenti.

1 Kapan ibu berbelanja di pasar?

----

2 Kenapa ibu masuk ke dalam sebuah toko?

----

3 Berapa lama turun hujan?

----

4 Ibu pergi ke mana setelah berhenti hujan?

PELAJARAN 16

교통수단

우리는 주말에 그곳에 가요.

Kita pergi ke sana pada akhir pekan.

Percakapan

16-1

Adit: Kita akan naik apa waktu berjalan-jalan ke Taman Mini?

Budi: Kita bisa naik bus, kereta api, atau angkot. Apa yang paling bagus?

Yura: Berapa lama dengan bus?

Adit: Kurang lebih 1 jam kalau tidak macet.

Budi: Kita pergi ke sana pada akhir pekan, kan? Mungkin pasti macet.

Yura: Bagaimana kita naik kereta saja? Harga tiket pun tidak begitu mahal.

Adit: Ya, saya setuju. Terus kita bisa dapat diskon murid juga.

Budi: Bagus, kalau begitu kita bertemu di stasion Gambir pada jam 9 pagi ya.

Adit: 우리 따만미니에 놀러갈 때 무엇을 탈 거야?

Budi: 우리는 버스나 기차, 아니면 앙꼿을 탈 수 있어. 제일 좋은 게 뭘까?

Yura: 버스로는 얼마나 걸려?

Adit: 안 막힌다면 대략 1시간이야.

Budi: 우리 거기 주말에 가잖아, 그치? 아마 분명히 막힐 거야.

Yura: 우리 기차를 타는 건 어때? 티켓 가격도 그다지 비싸지 않아.

Adit: 응, 나 동의해. 그리고 우리는 학생 할인을 받을 수도 있어.

Budi: 좋네, 그럼 우리 오전 9시에 감비르 역에서 만나자.

Kosakata baru

kurang lebih 대략

akhir pekan
= akhir minggu 주말

pasti 분명히

macet (교통, 배수 등이) 막히는

setuju 동의하다

Kosa Kata

16-2

교통수단

kendaraan – 교통수단

sepeda	자전거	taksi	택시
(sepeda) motor	오토바이	angkot	시내버스
mobil	자동차	bus	버스
kereta	기차	pesawat	비행기
metro	지하철	kapal laut	배
ojek	오젝(영업용 오토바이)		

tempat naik kendaraan – 교통수단 타는 곳

halte	(버스)정거장	terminal	터미널
stasiun	기차역	pelabuhan	항구
tempat parkir	주차장	bandara	공항

교통수단 관련 동사

naik	타다	turun	내리다
menyetir	운전하다	mampir	~를 들르다
menjemput	~를 태우다	mengantar	~를 데려다주다
memanggil taksi	택시를 부르다	bersepeda	자전거를 타다

Tata Bahasa

1 어근동사와 기본 동사접사

인도네시아어의 동사는 '어근동사'와 'ber- 결합동사', 'me- 결합동사' 등으로 구분할 수 있습니다.

1) 어근동사

본격적인 학습에 앞서 초반부에서 다뤘던 어근에 대한 국어대사전 정의를 다시 한번 살펴보겠습니다.

> 어근: 단'어'의 뿌리(= 근: 根)라는 의미로, 단어를 분석할 때 실질적 의미를 나타내는 중심이 되는 부분이다.

이러한 실질적 의미를 나타내는 '어근' 자체가 동사로 쓰일 수 있는 단어들이 있는데, 이를 어근동사라고 부릅니다. 어근동사는 자동사와 타동사 모두 존재하므로 구분하여 암기할 필요가 있습니다.

- Saya **bangun** pada jam 7 pagi. 저는 아침 7시에 일어납니다.
- Kita **makan** di restoran. 우리는 레스토랑에서 식사를 합니다.
- Ibu **suka** berenang. 어머니는 수영을 좋아합니다.

2) ber- 결합동사

일반적으로 자동사 기능을 합니다.

- Ibu **ber**belanja di mal. 어머니는 백화점에서 쇼핑을 합니다.
- kita **ber**jalan-jalan di taman. 우리는 공원에서 산책을 합니다.
- Ayah **be**kerja di Bandung. 아버지는 반둥에서 일합니다.

3) me- 결합동사

일반적으로 타동사 기능을 합니다.

- Adik **mem**baca buku. 동생은 책을 읽습니다.
- Kakak **mem**anggil taksi. 형은 택시를 부릅니다.
- Paman **men**cuci piring. 삼촌은 설거지를 합니다.

2 어근 자동사

어근 자동사에는 목적어가 오지 않고, 부연설명이 필요할 경우 부사어를 추가합니다.

tinggal 살다	Kita **tinggal** di Seoul, Korea. 우리는 대한민국의 서울에 삽니다.
mandi 샤워하다, 목욕하다	Saya **mandi** selama 20 menit. 저는 20분 동안 샤워를 합니다.
buka 열다	Kafa ini **buka** pada jam 9 pagi. 이 카페는 오전 9시에 엽니다.
tutup 닫다	Jalan ini **tutup** sampai jam 6 pagi. 이 길은 아침 6시까지 닫습니다.
mulai 시작하다	Program itu **mulai** pada jam 7 malam. 그 프로그램은 저녁 7시에 시작합니다.
selesai 끝나다	Kelas bahasa Indonesia **selesai** jam 2 siang. 인도네시아어 수업은 오후 2시에 끝납니다.
bangun 일어나다	Saya **bangun** di tempat tidur. 저는 침대에서 일어납니다.
tidur 자다	Kucing **tidur** di bawah meja. 고양이는 테이블 아래에서 잡니다.
masuk 들어가다	Murid **masuk** ke dalam kelas. 학생은 교실 안으로 들어갑니다.
keluar 나가다	Saya **keluar** dari bank. 저는 은행에서 나옵니다.
tiba 도착하다	Saya **tiba** di Bandara Sukarno Hatta. 저는 수까르노 하따 공항에 도착했습니다.
berangkat 출발하다	Pesawat ini **berangkat** pada jam 9. 이 비행기는 9시에 출발합니다.
datang 오다	Ibu akan **datang** ke sini. 어머니는 여기에 오실 것입니다.
pergi 가다	Mereka **pergi** ke pasar. 그들은 시장에 갑니다.
pulang* (근거지로) 돌아오다	Dia akan **pulang** ke Korea. 그는 한국으로 귀국할 것입니다.

kembali* (제 위치로) 돌아가다, 돌아오다	Saya **kembali** ke kantor. 저는 사무실로 돌아왔습니다.
lahir 태어나다	Saya **lahir** pada tahun 1990. 저는 1990년에 태어났습니다.
mati 죽다	Bunga itu **mati** pada minggu lalu. 그 꽃은 지난주에 죽었습니다.
jatuh 떨어지다	Uang saya **jatuh** ke lantai dari tangan saya. 제 돈이 손에서 바닥으로 떨어졌습니다.
terbang 날다	Burung itu **terbang** dengan cepat. 그 새는 빠르게 납니다.
maju 전진하다	Saya **maju** ke depan. 저는 앞으로 나갔습니다.
mundur 후진하다, 후퇴하다, 사직하다	Pemain sepak bola itu **mundur** dari tim itu. 그 축구선수는 그 팀에서 은퇴했습니다.
naik 올라가다	Anjing **naik** ke tempat tidur. 강아지는 침대로 올라왔습니다.
turun 내려가다	Adik **turun** ke lantai 1. 동생은 1층으로 내려왔습니다.

pulang VS kembali

pulang의 경우 '본인의 근원지로 돌아가다.' 또는 '최초의 출발지로 돌아가다.'라는 의미로 볼 수 있으며, kembali의 경우 '있던 자리로 돌아가다.'라는 의미로 볼 수 있습니다.

1) 직장인의 관점

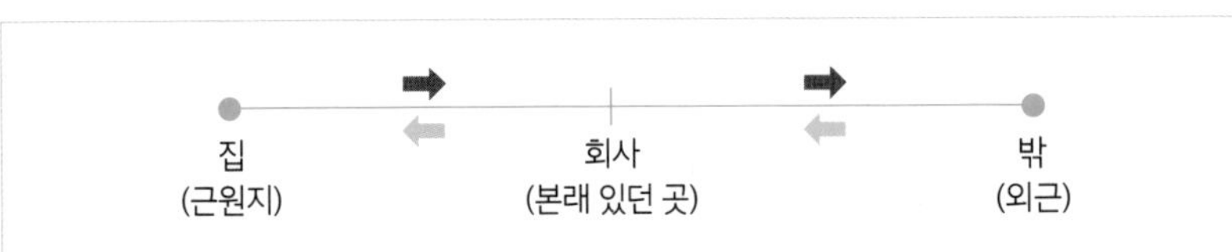

- Saya **pulang** ke rumah. 저는 회사에서 집으로 돌아갑니다.
- Saya **pulang** ke rumah. 저는 외근에서 집으로 돌아갑니다.
- Saya **kembali** ke kantor. 저는 외근에서 회사로 돌아갑니다.

✎ 집으로 돌아갈 때에는 'Saya pulang.'이라고 표현하기도 합니다. pulang 자체가 '(본인의 최초 근원지로) 돌아가다.'라는 의미이기 때문에 '(아침에 최초로 나온 집으로) 돌아가다.'라는 의미를 내포하기 때문입니다.

2) 한국인의 관점

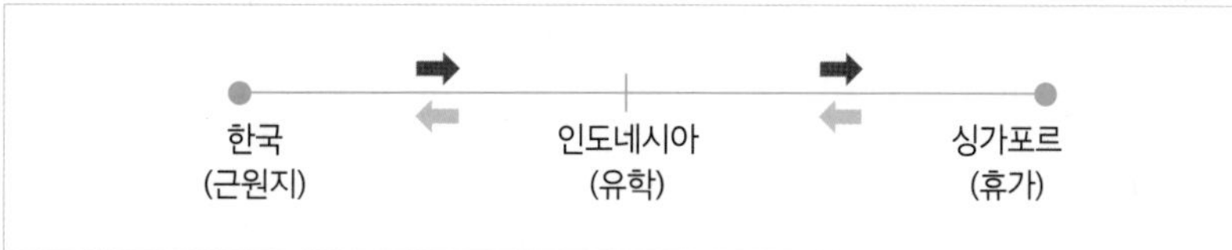

- Saya **pulang** ke Korea dari Indonesia.
  저는 인도네시아에서 한국으로 돌아왔습니다. (유학을 마치고 한국으로 돌아갈 경우)
- Saya **pulang** ke Korea dari Singapura.
  저는 싱가포르에서 한국으로 돌아왔습니다. (휴가지인 싱가포르에서 바로 한국으로 돌아갈 경우)
- Saya **kembali** ke Indonesia dari Singapura.
  저는 싱가포르에 갔다가 인도네시아로 돌아왔습니다.

✎ 만약 인도네시아에서 오래 살아서 화자가 인도네시아를 본인의 '근원지'로 여길 경우, 싱가포르에 갔다가 인도네시아로 돌아오는 상황에서도 pulang을 사용할 수 있습니다.

위 예시들을 통해 확인한 바와 같이 pulang은 아침에 최초로 나온 곳이나 태어난 곳 등의 '근원지로 돌아가다.'라는 의미를 내포하고 있다는 것을 알 수 있습니다.

3 어근 타동사

어근 타동사는 목적어를 사용할 수 있는 동사입니다.

tahu* (정보를) 알다	Saya **tahu** tempat itu. 저는 그 장소를 압니다.
kenal* (사람을) 알다	Pelajar **kenal** guru itu. 학습자는 그 선생님을 압니다.
makan 먹다	Saya **makan** pisang. 저는 바나나를 먹습니다.
minum 마시다	Nenek **minum** susu. 할머니는 우유를 마십니다.

ingat 기억하다	Kakek **ingat** teman itu. 할아버지는 그 친구를 기억합니다.
lupa 잊다	Dia **lupa** pekerjaan hari ini. 그는 오늘 업무를 잊었습니다.
minta 요구하다	Polisi **minta** alamat pencuri itu. 경찰은 그 도둑의 주소를 요청했습니다.
ikut 참석하다	Penyanyi itu akan **ikut** acara malam ini. 그 가수는 오늘 저녁 행사에 참석할 것입니다.
mau 원하다	Saya **mau** nasi goreng. 저는 나시고랭을 원해요.
punya 가지다	Dia **punya** sebuah apel. 그는 사과 한 개를 가지고 있습니다.
lewat 지나다	Kereta itu **lewat** Surabaya. 그 기차는 수라바야를 지나갑니다.
suka 좋아하다	Penari **suka** tari tradisional. 무용수는 전통춤을 좋아합니다.

tahu VS kenal

구분	tahu	kenal
사람	Saya **tahu** Jina. (O) 저는 지나를 알아요.	Saya **kenal** Jina. (O) 저는 지나를 알아요.
정보	Saya **tahu** cuaca besok. (O) 저는 내일 날씨를 알아요.	Saya **kenal** cuaca besok. (×) 저는 내일 날씨를 알아요.

사람을 아는 것은 정보이기도 하므로 정보와 사람을 아는 경우에는 모두 tahu를 쓸 수 있습니다. 하지만 kenal은 서로가 알고 지낼 수 있는 관계, 즉 사람을 알 때 쓰입니다.

Ungkapan

16-3

앞서 배운 어근동사 중 naik는 경우에 따라 부사어로 쓰일 수 있습니다. 다음 대화에서 부사어로 쓰이는 경우를 중점적으로 살펴보겠습니다.

질문

- Anda akan pergi dengan apa?

 = Anda akan pergi **naik** apa? 당신은 무엇을 타고 갈 거예요?

대답

- Saya akan pergi dengan bus.

 = Saya akan pergi **naik** bus. 저는 버스를 타고 갈 거예요.

앞선 과에서 우리는 dengan의 쓰임에 대해 배웠습니다. 크게 3가지의 경우로 나누어 쓸 수 있었는데, 다음과 같은 예시에서는 dengan의 중복 쓰임을 막을 수 있습니다.

- Saya akan pergi **dengan** bus **dengan** teman saya.

 = Saya akan pergi **naik** bus **dengan** teman saya.

 저는 친구와 버스를 타고 갈 거예요.

- Saya ingin berbicara **dengan** lancar **dengan** teman Indonesia.

 = Saya ingin berbicara **dengan** lancar bersama teman Indonesia.

 저는 인도네시아 친구와 유창하게 인도네시아어를 구사하고 싶습니다.

Latihan

1 다음을 듣고 빈칸을 채워보세요. 16-4

1 ....

2 ....

3 ....

4 ....

5 ....

2 다음 문장의 빈칸에 제시된 동사 중 알맞은 것을 골라 쓰세요.

suka / berangkat / minum / pulang / lahir

1 Ayah sudah .... dari kantor.

2 Ibu harus .... obat sehari 3 kali.

3 Adik .... ke sekolah jam 8 pagi.

4 Saya .... makanan Korea.

5 Kakak saya .... pada tahun 1987.

3 다음 문장에서 틀린 부분을 찾아 바르게 고치세요.

1 Saya kenal cuaca di Seoul hari ini.

....

2 Anda pergi mana sekarang?

....

3 Dia masih ingat pada teman lama itu.

....

4 Ibu sudah kembali ke rumah.

....

5 Polisi minta dengan nomor paspor dia.

....

PELAJARAN 17

공항

인도네시아에 얼마나 머무실 거고 어디에서 숙박할 거예요?

Berapa lama Anda akan berada di Indonesia dan akan menginap di mana?

Percakapan

17-1

Kosakata baru

tujuan 목적
berkunjung 방문하다
teman baik 친한 친구
menginap 숙박하다

Petugas: Selamat malam, Anda tinggal di mana?

Hana: Saya tinggal di Tokyo, Jepang.

Petugas: Apa tujuan Anda berkunjung ke Indonesia?

Hana: Saya akan berkujung ke tempat wisata dan bertemu dengan teman baik saya.

Petugas: Berapa lama Anda akan berada di Indonesia dan akan menginap di mana?

Hana: Sekitar 1 minggu. Saya akan menginap di rumah teman saya. Rumahnya ada di Pondok Indah, Jakarta Selatan.

Petugas: Baiklah. Selamat datang di Indonesia.

Hana: Terima kasih.

Petugas: 안녕하세요, 어디에 사시나요?

Hana: 저는 일본의 도쿄에 살아요.

Petugas: 인도네시아에 방문하신 목적이 무엇인가요?

Hana: 저는 관광지를 방문하고 친한 친구를 만날 거예요.

Petugas: 인도네시아에 얼마나 머무실 거고 어디에서 숙박할 거예요?

Hana: 대략 1주일이요. 친구 집에서 머물 거예요. 친구 집은 남부 자카르타의 뽄독인다에 있어요.

Petugas: 좋아요. 인도네시아에 오신 걸 환영합니다.

Hana: 감사합니다.

Kosa Kata

17-2

bandara 공항

명사

tiket	티켓, 표	paspor	여권
bebas pajak	면세	bagasi	짐, 수하물
timbangan	체중계/측량계	penumpang	탑승객
jendela	창문	lorong	복도
keberangkatan	출발	kedatangan	도착
pramugari	스튜어디스(여승무원)	pramugara	스튜어드(승무원)
bandara domestik	국내선 청사	bandara internasional	국제선 청사
laporan bea cukai	세관 신고서	imigrasi bandara	이민국
transfer	환승	sabuk pengaman	안전벨트

동사

berangkat	출발하다	tiba	도착하다
ditunda	연기되다	dibatalkan	취소되다
berkunjung (ke/di)	~에 방문하다	menginap	숙박하다
mendarat	착륙하다	lepas landas	이륙하다

Tata Bahasa

앞 과에서 어근동사에는 자동사군과 타동사군이 있다는 것을 학습했습니다. 이번 과에서는 자동사를 만드는 접사 ber-에 대해 기초 학습을 하겠습니다.

1 접사 ber-의 결합

ber-의 형태	결합 경우	ber + 어근	예시
ber-	특수 경우를 제외한 모든 경우	ber + air ber + belanja ber + sepeda	berair berbelanja bersepeda
be-	어근의 첫 문자가 'r'로 시작할 경우	ber + renang ber + rapat	berenang berapat
	첫 음절에 'er'이 포함되어 있을 경우	ber + kerja ber + serta ber + ternak	bekerja beserta beternak
bel-	ajar	bel + ajar	belajar

1) 어근의 첫 문자가 'r'로 시작할 경우

ber + r로 'r'이 두 번 반복될 경우 'r'은 한 번만 표기합니다.

- ber + renang = berrenang (×) → berenang (○)
- ber + rapat = berrapat (×) → berapat (○)

2) 첫 음절에 'er'이 포함되어 있을 경우

- ber + kerja = berkerja (×) → bekerja (○)
- ber + serja = berserta (×) → beserta (○)

3) bel로 표현하는 경우

어근 'ajar'에 한해서 bel로 표현합니다.

- ber + ajar = berajar (×) → bel + ajar = belajar (○)

2 접사 ber- 결합 시의 변화

1) 품사의 변화

ber + (어근) = 동사 ber + (수사) = 부사

접사 ber-이 결합되면 명사, 형용사를 동사로 변화시키고 수사를 부사로 변화시킵니다.

(1) 명사의 동사화

- Nama anjing saya Rumi. 저의 강아지의 이름은 루미입니다.
- Anjing saya **bernama** Rumi. 저의 강아지는 루미라는 이름을 가지고 있습니다.

nama 이름

bernama
~라는 이름을 가지다

(2) 형용사의 동사화

- Saya sedih. 저는 슬퍼요.
- Dia **bersedih.** 그는 슬퍼해요.

앞 과에서 형용사는 모양의 변화 없이 그대로 동사 자리에 쓰일 수 있다고 배웠습니다. 따라서 ber-와 결합하는 형용사는 쓰임이 변합니다. 주로 '감정 형용사'와 결합하며, 사람 감정을 느끼고 있는 상태를 전할 때 주로 씁니다.

- Hati saya sedih. (○) 제 마음은 슬퍼요.
- Hati saya bersedih. (×) 제 마음이 슬퍼해요.

(3) 수사의 부사화

'~명이서'라는 의미를 나타냅니다.

- Saya akan pergi ke sana dengan 3 orang. 저는 3명과 그곳에 갈 거예요.
- Kita **bertiga** akan pergi ke sana. 우리 3명이서 그곳에 갈 것입니다.

2) 의미의 변화

ber-가 붙음으로써 품사의 변화가 일어나면서 생기는 대표적인 의미의 변화에 대해 살펴보겠습니다. 기초 단계에서 중요한 의미에 대해서만 살펴보는 것이므로 일반화하지 않도록 합니다.

(1) ber- + 명사

mempunyai / memiliki 가지다

ber-와 명사가 결합하면 위에서 살펴본 바와 같이 '(명사를) 가지다 / (명사를) 소유하다'라는 의미가 됩니다.

- Hidung saya mancung. 저의 코는 높습니다.
- Saya **berhidung** mancung.
  = Saya **memiliki hidung** mancung. 저는 높은 코를 가지고 있습니다.

- Umur kakak saya 30 tahun. 형의 나이는 30살입니다.
- Kakak **berumur** 30 tahun.
  = Kakak **memiliki umur** 30 tahun. 형은 30살의 나이를 가지고 있습니다.

memakai 입다, 착용하다

- Kemeja ibu putih. 어머니의 셔츠는 하얀색입니다.
- Ibu **berkemeja** putih.
  = Ibu **memakai kemeja** putih. 어머니는 하얀 셔츠를 입고 있습니다.

- Kacamata kakek besar. 할아버지의 안경은 큽니다.
- Kakek **berkacamata** besar.
  = Kakek **memakai kacamata** besar. 할아버지는 큰 안경을 낍니다.

mengeluarkan 배출하다

- Pemain sepak bola itu **berkeringat**.
  그 축구선수는 땀을 흘립니다.
- Pemain sepak bola itu **mengeluarkan keriangat**.
  그 축구선수는 땀을 흘립니다(땀을 배출합니다).

- Penyakit itu **berdarah** di kepala.
  그 환자는 머리에서 피를 흘립니다.
- Penyakit itu **mengeluarkan darah** di kepala.
  그 환자는 머리에서 피를 흘립니다(피를 배출합니다).

(2) ber- + 형용사

형용사의 ber-는 앞서 설명한 바와 같이 감정 형용사에 주로 사용합니다. 다른 사람의 감정을 표현할 때 ber-를 붙여 표현합니다.

- Saya agak sedih. 저는 조금 슬픕니다.
- Orang tua agak **ber**sedih. 부모님은 조금 슬퍼합니다.
- Kita sangat bahagia. 우리는 정말 즐겁습니다.
- Dia sangat **ber**bahagia. 그는 정말 즐거워합니다.

(3) ber- + 수사

ber-와 수사가 결합하면 '~명이서'라는 의미의 복수형 부사가 됩니다. 다만 ber- + satu의 의미는 다르므로 함께 살펴보겠습니다.

dua 2 **berdua** 둘이서

- Kami akan makan siang **berdua**. 우리는 둘이서 식사를 할 것입니다.

empat 4 **berempat** 넷이서

- Kita **berempat** baru datang sekarang. 우리 넷은 지금 막 도착했어요.

위에서 살펴보았듯이 수사와 결합할 때 '~명이서'라는 의미의 부사가 되지만 '1'은 예외입니다. bersatu가 되면 '하나가 되다'라는 의미의 동사가 됩니다.

satu 1 **bersatu** 하나가 되다

- Korea Utara dan Korea Selatan akan **bersatu**.
  북한과 남한은 하나가 될 것입니다.

(4) ber- + 동사/명사

앞서 살펴본 바와 같이 ber-가 명사와 결합할 경우, 품사가 동사로 변화합니다. 반면 동사와 결합할 경우, 본래의 동사와 비슷하지만 다른 의미를 가지게 됩니다. 대표적인 예는 다음과 같습니다.

ada (존재해) 있다 / **berada** (위치해) 있다

- Kemeja itu **ada** di dalam lemari. 그 셔츠는 옷장 안에 있습니다.
- Guru itu **berada** di depan kelas. 그 선생님은 교실 앞에 있습니다.

Berbicara

17-3

접사 ber-를 학습한 내용을 바탕으로 ada와 berada의 차이를 다음 회화 상황을 통해 살펴봅시다.

1) 물건의 위치를 물을 때

Yura: Ibu, celana hitam saya ada di mana?
Ibu: Itu ada di dalam lemarinya.
Yura: Saya tidak bisa menemukan di lemari saya.
Ibu: Ah, Itu ada di sini. Bajunya masih ada di mesin cuci!

Yura: 엄마, 제 검은 바지 어디에 있어요?
Ibu: 그거 옷장 안에 있어.
Yura: 저 제 옷장에서 찾을 수 없어요.
Ibu: 아, 그거 아직 여기 있네. 그 옷은 아직 세탁기에 있어!

2) 사람의 위치를 물을 때

Budi: Yura ada di mana?
Adit: Mungkin Yura berada di dalam kelas.
Budi: Yura tidak ada di sana. Saya baru saja datang dari sana.

Budi: 유라는 어디에 있어?
Adit: 아마도 유라는 교실 안에 있을 거야.
Budi: 유라는 거기에 없어. 나 막 거기에서 왔거든.

위의 회화에서 보듯 '위치'를 묻는 것은 '존재'의 여부를 묻는 것과 같으므로 두 가지 모두 사용할 수 있습니다.

Latihan

1 다음을 듣고 빈칸을 채워보세요. 17-4

1 ____________________

2 ____________________

3 ____________________

4 ____________________

5 ____________________

2 다음 중 동사 자리에 들어갈 알맞은 것을 고르세요.

1 Kita suka (minum / berminum) kopi sesudah makan siang.

2 Penumpang harus (datang / berdatang) sebelum pesawat (angkat / berangkat).

3 Saya sedang (ajar / belajar) bahasa Indonesia.

4 Ayah (kerja / bekerja) di PT Samsung.

5 Kami mau (jalan-jalan / berjalan-jalan) ke taman akhir minggu ini.

3 다음 대화를 듣고 빈칸을 채우세요. 17-5

Petugas:	Selamat siang. Saya ingin melihat __________ dan __________ Anda.
Budi:	Ya, ini dia.
Petugas:	Anda memiliki __________ __________ tas?
Budi:	1 buah __________. Saya juga membawa sebuah tas tangan.
Petugas:	Baik. Anda ingin duduk dekat __________ atau di kursi lorong?
Budi:	Saya ingin di dekat __________.
Petugas:	Baik. Ini *boarding-pass* Anda.
Budi:	Terima kasih.

PELAJARAN 18

은행

새 계좌를 만들고 싶어요.

Saya ingin membuka rekening baru.

Kosakata baru

membantu ~을/를 돕다
membuka ~을 열다
rekening 계좌
jenis 종류
paspor 여권
fotokopi 복사
tunggu 기다리다
sebentar 잠시 동안

Percakapan

18-1

Staf: Selamat pagi, apa yang bisa saya bantu?
Hadi: Selamat pagi, saya ingin membuka rekening baru.
Staf: Bapak ingin membuka rekening jenis apa?
Hadi: Saya ingin membuka rekening tabungan.
Staf: Baiklah, tolong isi formulir ini. Apakah Bapak memiliki kartu identitas?
Hadi: Ya, saya punya buku paspor.
Staf: Baik, saya akan fotokopi paspor Anda. Tunggu sebentar, ya.
Budi: Okei.

Staf: 안녕하세요, 무엇을 도와드릴까요?
Hadi: 안녕하세요, 새 계좌를 만들고 싶어요.
Staf: 어떤 종류의 계좌를 만드려고 하시나요?
Hadi: 저축 계좌를 열고 싶어요.
Staf: 좋습니다, 이 서류를 작성해 주세요. 신분증을 가지고 계신가요?
Hadi: 네, 여권을 가지고 있어요.
Staf: 네, 여권을 복사할게요. 잠시만 기다려 주세요.
Budi: 네.

Kosa Kata

18-2

bank 은행

명사

rekening	계좌	buku rekening	예금통장
nomor rekening	계좌 번호	buku tabungan	적금통장
transfer(antar rekening)	계좌이체	uang pinjaman	대출금
kartu identitas	신분증	bunga	이자
saldo	잔고	kredit	신용
utang	채무, 빚	jaminan	보증, 보장
cicilan	분할금	pembayaran	지불
uang deposit	보증금	ATM	현금인출기

동사

mengambil uang	돈을 찾다	mengirim uang	송금하다
menarik uang	돈을 찾다	menerima uang	송금받다
menabung	돈을 저금하다	mencicil	분할하다
menaruh uang	돈을 저금하다	membuka rekening	계좌를 개설하다

Tata Bahasa

접두사의 변환규칙

앞서 어근동사와 일반적으로 자동사 기능을 하는 접두사 ber-에 대해 학습했습니다. 이번 과에서는 일반적으로 타동사 역할을 하는 접두사 me-의 결합 방식과 기초문법에 대해 알아보겠습니다.

1 접사 me-의 변환규칙

me- 발음 변화란 발음의 편의를 위해 어근의 첫소리에 따라 모양이 바뀌는 것입니다. 아래의 규칙을 살피면 좀 더 이해하기 쉽습니다.

me- 형태	어근의 첫 문자	예시	의미
me-	아래 규칙 이외의 모든 알파벳 l, m, n, ng, ny, r, y, w	lihat → **me**lihat masak → **me**masak nilai → **me**nilai ngeong → **me**ngeong rusak → **me**rusak yakin → **me**yakini wabah → **me**wabah	보다 요리하다 채점하다 야옹하고 울다 파손되다 믿다 전염되다
mem-	한국어 'ㅂ', 'ㅍ' 계열 소리 b, f, v	baca → **mem**baca fotokopi → **mem**fotokopi vonis → **mem**vonis	읽다 복사하다 판결하다
	탈락: p	pilih → **mem**ilih potong → **mem**otong	선택하다 자르다
men-	한국어 'ㄷ', 'ㅈ' 계열 소리 c, d, j, z	cuci → **men**cuci dengar → **men**dengar jadi → **men**jadi ziarah → **men**ziarahi	씻다 듣다 되다 참배하다
	탈락: t	tari → **men**ari tata → **men**ata	춤추다 배열하다
meng-	모음 / 한국어 'ㄱ', 'ㅎ' 계열 소리 a, e, i, o, u / g, h	ajak → **meng**ajak emas → **meng**emas isi → **meng**isi obrol → **meng**obrol uji → **meng**uji ganggu → **meng**ganggu hapus → **meng**hapus	초대하다 금빛이 되다 채우다 수다를 떨다 칭찬하다 괴롭히다 지우다

meng-	탈락: k	kunci → **meng**unci kali → **meng**ali	열쇠로 잠그다 곱하다
meny-	한국어의 'ㅅ' 계열 소리 탈락: s	sapu → **meny**apu sikat → **meny**ikat	쓸다 닦다
menge-	단음절로 이루어진 단어	cap → **menge**cap pel → **menge**pel cat → **menge**cat	도장을 찍다 걸레질하다 페인트칠하다

결합규칙의 탈락 용법

- mem- : 어근의 첫 문자가 'p'로 시작할 때 p가 탈락됩니다.

pilih	→ mempilih	(×)	→ **mem**ilih	(○)
potong	→ mempotong	(×)	→ **mem**otong	(○)

- men- : 어근의 첫 문자가 't'로 시작할 때 t가 탈락됩니다.

tari	→ mentari	(×)	→ **men**ari	(○)
tata	→ mentata	(×)	→ **men**ata	(○)

- meng- : 어근의 첫 문자가 'k'로 시작할 때 k가 탈락됩니다.

kunci	→ mengkunci	(×)	→ **meng**unci	(○)
kali	→ mengkali	(×)	→ **meng**ali	(○)

- meny- : 한 가지 문자와 결합규칙을 가지며 어근의 첫 문자가 's'로 시작할 때 s가 탈락됩니다.

sapu	→ menysapu	(×)	→ **meny**apu	(○)
sikat	→ menysikat	(×)	→ **meny**ikat	(○)

2 접사 pe-의 변환규칙

명사 접사인 'pe-'에도 me- 변환규칙이 동일하게 적용됩니다.

pe- 형태	어근의 첫 문자	예시	의미
pe-	아래 규칙 이외의 모든 알파벳 l, m, n, ng, ny, r, y, w	masak → **pe**masak	요리사
pem-	한국어 'ㅂ', 'ㅍ' 계열 소리 b, f, v	baca → **pem**baca	독자
	탈락: p	pilih → **pem**ilih	투표권자
pen-	한국어 'ㄷ', 'ㅈ' 계열 소리 c, d, j, z	dengar → **pen**dengar	청자
	탈락: t	menar → **pen**ari	댄서
peng-	모음 / 한국어 'ㄱ', 'ㅎ' 계열 소리 a, e, i, o, u / g, h	ajak → **peng**ajak	초대자
	탈락: k	kunci → **peng**unci	잠금쇠
peny-	한국어의 'ㅅ' 계열 소리 탈락: s	sapu → **peny**apu	청소부, 청소기
penge-	단음절로 이루어진 단어	cat → **penge**catan	칠, 채색

위와 같이 결합과 탈락의 규칙이 같으므로 추후 명사 접사를 공부할 때 같은 방식으로 적용하여 학습할 수 있습니다.

Berbicara

18-3

접사에 따른 발음과 의미의 변화에 유의하면서 다음 회화를 살펴봅시다.

Erika: Hadi, kamu tadi ke mana?
Hadi: Tadi saya ke bank untuk membuka rekening baru.
Erika: Banknya buka jam 10, kan?
Hadi: Bank di dekat kampus kami buka pada jam 9.
Erika: Oh begitu, ngomong-ngomong kita harus berangkat sekarang.
Pembukaan acara wisuda mulai sebentar lagi.
Hadi: Ayo!

Erika: 하디야, 아까 너 어디 갔었어?
Hadi: 아까 나 새로운 계좌를 열기 위해 은행에 갔었어.
Erika: 은행은 10시에 열잖아, 그렇지 않아?
Hadi: 우리 학교 근처의 은행은 9시에 열어.
Erika: 그렇구나, 근데 우리 지금 출발해야 해.
좀업식 개회가 잠시 후에 시작해.
Hadi: 가자!

어근 buka에서 접사와 함께 파생된 어휘의 어미와 문법적 특징을 살펴보겠습니다.

어휘	접사	의미
buka	-	(자동사) 열다 Bank di dekat kampus kami **buka** pada jam 9. 우리 학교 근처의 은행은 9시에 엽니다.
membuka	me-	(타동사) ~을 열다 Saya ke bank untuk **membuka** rekening baru. 저는 새로운 계좌를 열기 위해 은행에 갑니다.
pembukaan	pe- -an	(명사) 개장, 오픈 **Pembukaan** acara wisuda mulai sebentar lagi. 졸업식 개회가 잠시 후에 시작합니다.

Latihan

1 다음을 듣고 빈칸을 채워보세요. 18-4

1 ....

2 ....

3 ....

4 ....

5 ....

2 다음 어근 동사를 me-의 변화에 유의하여 변환하세요.

cat		tulis	
cari		panggil	
putih		ambil	
kali		isi	
dua		masak	

3 다음 me- 동사를 어근으로 변환하세요.

mengebom		merawat	
mengajar		menyoal	
mencukur		membuat	
menjadi		melebar	

4 다음을 접사에 유의하여 읽고 해석하세요.

1 Para pelajar suka belajar bahasa Indonesia di kelas.

2 Ibu saya akan memasak masakan Indonesia malam ini.

3 Saya sangat suka makan makanan Korea.

4 Pembaca itu sedang menulis surat kepada penulis buku novel itu.

5 Penari itu pintar menari solo.

PELAJARAN 19

여행

나는 발리 관광 정보를 찾고 있어.

Saya sedang mencari informasi wisata Bali.

Percakapan

19-1

Kosakata baru

mencari ~을 찾다

menginap 숙박하다

memesan ~을 예약하다

Hadi: Erika, kamu sedang mencari apa?

Erika: Saya sedang mencari informasi wisata Bali.

Hadi: Oh, kamu akan ke Bali?

Erika: Ya, tetapi saya belum tahu harus menginap di mana. Kamu pernah ke Bali?

Hadi: Ya, Tahun lalu sudah. Waktu itu saya menginap di Hotel Bali.

Di sana bersih dan tidak begitu mahal.

Erika: Oh, ya? Saya juga mau memesan hotel itu.

Hadi: 에리카, 너 뭘 찾고 있어?

Erika: 나는 발리 관광 정보를 찾고 있어.

Hadi: 아, 너 발리에 갈 거야?

Erika: 응, 그렇지만 어디에서 자야할지 아직 모르겠어. 너 발리에 가본 적 있어?

Hadi: 응, 작년에 다녀왔어. 그때 난 발리 호텔에서 머물렀어. 거기는 깨끗하고 그렇게 비싸지 않아.

Erika: 아, 그래? 나도 그 호텔을 예약하고 싶다.

Kosa Kata

19-2

여행 관련 단어

명사

wisata	관광	hotel	호텔
perjalanan	여행	kos	민박, 하숙
tempat wisata	관광지	pantai	해변
pemandangan	경치	warisan budaya	문화유산
pemandu wisata	여행 가이드	wisatawan	여행객
paspor	여권	tiket	티켓

동사

berlibur	휴가를 보내다	berjalan-jalan	산책하다, 여행하다
menginap	숙박하다	mampir	들르다
membayar	지불하다	memesan	예약하다
menyewa	렌트하다	membeli	구매하다
menjemput	데리러 가다	mengantar	데려다주다

Tata Bahasa

1 접두사 me-의 문법적 쓰임

기본적으로 접사 me-는 접사 ber-와 마찬가지로 동사를 만들어주는 접사입니다.

me + (어근) = 동사

1) (어근)을 하다: 동사와 결합

beli	사다	membeli	사다

• Ibu **membeli** kopi. 어머니는 커피를 삽니다.

baca	읽다	membaca	읽다

• Adik **membaca** koran setiap hari. 동생은 매일 신문을 읽습니다.

tangis	울다	menangis	울다

• Bayi itu **menangis**. 그 아기는 웁니다.

2) (어근)의 물건으로 ~을 하다: 명사와 결합

cap	도장	mengecap	도장을 찍다

• Kami **mengecap** di surat itu. 우리는 그 서류에 도장을 찍습니다.

sapu	비	menyapu	비질하다

• Adik saya sedang **menyapu** lantai. 제 동생은 방을 쓸고 있습니다.

pel	걸레	mengepel	걸레질하다

• Kakak **mengepel** lantai. 형은 바닥을 걸레질합니다.

3) (어근)처럼 되다: 명사, 형용사와 결합

gunung	산	menggunung	산처럼 되다; 산더미가 되다

• Baju kotor sudah **menggunung** karena saya lupa mencucinya.
저는 세탁하는 것을 잊어서 더러운 옷이 산더미가 되었습니다.

semut	개미	menyemut	개미처럼 되다; 모여들다

- Para mahasiswa **menyemut** di depan gedung itu.
  대학생들이 그 건물 앞에 모였다.

jamur	버섯	menjamur	버섯처럼 되다; 버섯처럼 피어나다, 확산되다

- Restoran Korea mulai **menjamur** di Jakarta.
  한국 식당이 자카르타에 늘어나기 시작했다.

4) (어근)하게 되다

baik	좋은	membaik	좋아지다

- Kondisi ibu saya sudah **membaik**. 어머니의 컨디션은 좋아지셨습니다.

merah	빨간	memerah	빨개지다

- Pipi gadis itu **memerah** karena malu. 그 소녀의 볼은 부끄러워서 빨개졌습니다.

panjang	긴	memanjang	길어지다

- Rambut saya **memanjang**. 제 머리는 길었습니다.

5) ~로 향하다

dekat	가까운	mendekat	다가가다

- Saya sudah **mendekat** kepada ibu. 저는 어머니께 다가갔습니다.

juah	먼	menjauh	멀어지다

- Kereta itu sudah **menjauh** dari stasiun. 그 기차는 역에서 멀어졌다.

seberang	건너편	menyeberang	건너다

- Anak itu **menyeberang** jalan itu. 그 아이는 그 길을 건넌다.

Berbicara

19-3

인도네시아에서 생활하다보면 일상회화에서 ber-나 me- 등의 접사를 대부분 생략하여 사용한다고 느낄 수 있을 것입니다. 한국어도 구어체가 문어체보다 간결하고 많은 표현을 줄여쓰듯 인도네시아어도 마찬가지입니다. 따라서 ber-나 me-를 생략하여도 의미의 차이가 크게 없을 경우는 회화에서 생략하는 경우가 많습니다. 하지만 의미가 변할 경우에는 생략하지 않습니다. 다음 회화를 통해 살펴보겠습니다.

Budi: Hey, Yura apa kabar?
Yura: Baik, kamu?
Budi: Saya juga. Saya dengar ibumu sedang di rumah sakit… Apakah sudah membaik?
Yura: Ya, sudah membaik. Kemarin sudah pulang dari rumah sakit. Ibu saya sedang baca buku saja di rumah.
Budi: Syukurlah.

Budi: 유라야, 잘 지냈어?
Yura: 응, 넌?
Budi: 나도 잘 지냈어. 듣기론 어머니께서 병원에 계시다던데... 다 나으셨어?(좋아지셨어?)
Yura: 응, 좋아지셨어. 어제 병원에서 퇴원하셨어. 엄마는 집에서 그저 책을 읽고계시는 중이야.
Budi: 다행이다.

- membaik → menjadi baik의 의미를 가지고 있으므로 나아지는 '과정'이 포함됩니다. 건강이 나아졌는지를 묻는 상황이므로 과정이 포함된 membaik을 씁니다.
- baca와 membaca는 문법 규정상 쓰임의 차이가 있을 뿐, me-를 생략하여도 의미가 같습니다. 따라서 회화에서 membaca 대신 baca를 써서 표현하는 경우가 많습니다.

Latihan

1 다음을 듣고 빈칸을 채워보세요. 19-4

1 ....

2 ....

3 ....

4 ....

5 ....

2 다음 중 문법에 유의하여 알맞은 동사를 고르시오.

1 Saya akan (baca / membaca) surat dari nenek saya.

2 Ayah saya (baju / berbaju) hitam.

3 Kami sudah (panggil / memanggil) taksi.

4 Dia (tabung / bertabung / menabung) uang setiap akhir bulan.

5 Ibu sedang (masak / memasak) makan malam.

terkenal 유명한
salah satu ~중에 하나
dikenal 알려지다
masyarakat 국민
kumpulan 모음
ujung 끝
utama 주요
yaitu 즉
menyelam 잠수하다

3 다음을 읽고 이어지는 질문에 답하세요.

Tempat Wisata di Indonesia

Indonesia memiliki banyak tempat wisata yang terkenal. Hari ini saya ingin memperkenalkan salah satu tempat wisata Indonesia yang belum dikenal oleh masyarakat Korea.

Raja Ampat adalah Tempat wisata Indonesia yang cukup terkenal. Orang Indonesia suka berkunjung ke sana karena pemandangan di sana sangat indah. Raja Ampat adalah kumpulan dari pulau-pulau di ujung Papua. Ada empat pulau utama di sini, yaitu Waigeo, Misool, Salawati dan Batanta. Tempat wisata ini dikenal sebagai salah satu lokasi menyelam dan snorkeling terbaik di dunia.

1 다음 본문의 단어들의 어근을 찾으세요.

me-동사	어근	me-동사	어근
memiliki		menyelam	

2 Raja Ampat dikenal sebagai apa?

3 Silakan perkenalkan salah satu tempat wisata yang terkenal di Korea.

PELAJARAN 20

요청/권유/금지

그래요, 저스틴 씨. 제가 무엇을 도와드릴 수 있을까요?

Silakan, bapak Justin. Saya bisa bantu apa?

Percakapan

20-1

Justin: Mbak Erika, bisa bantu saya?

Erika: Silakan, bapak Justin. Saya bisa bantu apa?

Justin: Saya sudah membuat presentasi untuk besok. Tolong cek ejaannya.

Erika: Baik, saya akan cek di tempat saya.

Justin: Okei. Saya merokok dulu, ya.

Erika: Jangan! Itu tidak bagus untuk kesehatan Bapak.

Justin: 에리카 씨, 저 좀 도와줄 수 있나요?

Erika: 그러세요, 저스틴 씨. 제가 무엇을 도와드릴 수 있을까요?

Justin: 제가 내일 쓸 발표(자료)를 만들었는데요. 철자 좀 확인해주세요.

Erika: 네, 제 자리에서 확인할게요.

Justin: 그래요. 전 담배 피우고 올게요.

Erika: 그러지 말아요! 흡연은 건강에 좋지 않아요.

Kosakata baru

bantu 돕다

eja 철자

merokok 담배를 피우다

kesehatan 건강

Kosa Kata

20-2

agama 종교

명사

islam	이슬람교	muslim	이슬람교인
protestan	개신교	kuil	힌두/불교사원
katolik	천주교	gereja kristen	교회
hindu	힌두교	gereja katolik	성당
buddha	불교	candi	사원
khonghucu	유교	puri	힌두사원
masjid	이슬람사원	kebaktian	(기독교) 예배
mushola	(이슬람) 기도실	ibadah	계율이행
jumatan	(이슬람교) 금요기도회	sholat	(이슬람교) 기도

동사

berdoa	기도하다	bersembahyang	(이슬람교) 기도드리다

인도네시아는 세계 최대의 무슬림 인구를 가진 나라라 이슬람 국가로 오해하는 경우가 있습니다. 하지만 인도네시아에는 종교의 자유가 있습니다. 다만 무신론자일 수는 없고, 법적으로 용인된 6개의 종교(이슬람, 기독교, 천주교, 힌두교, 불교, 힌두교) 중 한 가지를 믿는 것이 의무화되어 있습니다.

Tata Bahasa

이번 과에서는 요청 · 권유 · 금지문의 쓰임과 활용에 대해 알아보겠습니다. 본 표현들은 강조의 의미를 가지므로 일반적으로 문장의 가장 앞에 쓰입니다.

1 요청

1) minta/tolong – ~을 부탁해요

일상회화에서는 minta와 tolong의 차이를 크게 두지 않기 때문에 동일한 상황에서 2가지 모두 사용 가능합니다. minta는 가벼운 요청, tolong은 도움이 필요한 부탁이라는 세세한 의미의 차이는 있으나 2가지 모두 같은 의미로 사용 가능합니다.

minta: 가벼운 요청

- **Minta** maaf. 미안해요.
- **Minta** dua porsi nasi goreng. 나시고랭 두 접시 주세요.
- **Minta** bantu saya. 저를 도와주세요.

tolong: '도움'이 필요한 부탁

- **Tolong** datang sampai jam 7 pagi. 아침 7시까지 와주세요.
- **Tolong** cek e-mail Anda. 당신의 이메일을 확인해주세요.
- **Tolong** bantu saya. 저를 도와주세요.

2) mohon – 부탁드립니다

minta/tolong보다 좀 더 정중한 요청을 할 때 사용합니다.

- **Mohon** maaf. 죄송합니다.
- **Mohon** bantu saya. 저를 도와주시기 바랍니다.

2 권유와 허가

1) coba: 주로 가벼운 권유문에 쓰입니다.

- **Coba** makan. 먹어보세요.
- **Coba** lihat dulu. 먼저 둘러보세요.

2) boleh: 정중한 허가문에 쓰입니다.

- **Boleh** makan. 드셔도 좋아요.
- **Boleh** lihat dulu. 먼저 둘러보셔도 좋아요.

3) silakan: 권유나 허가를 할 때 쓰입니다. silakan 한마디만으로도 그 상황에 맞는 권유나 허가가 되며 일상회화에서 흔히 쓰이는 표현 중 하나입니다.

- **Silakan** makan. (권유) 먹읍시다.
- **Silakan** coba makan. (권유) 드셔보세요.
- **Silakan** masuk. (허가) 들어오셔도 좋아요.
- **Silakan** datang. (허가) 오셔도 좋아요.

3 금지

1) tidak boleh: 정중하게 거절할 때 사용합니다.

- **Tidak boleh** masuk. 들어가시면 안 됩니다.
- **Tidak boleh** terlambat. 지각하면 안 됩니다.

2) dilarang: 회화체에서보다는 '금지'라는 의미로 표지판에 명기되는 경우가 많습니다.

- **Dilarang** merokok 흡연 금지(금연)
- **Dilarang** masuk 출입 금지
- **Dilarang** berenang 수영 금지

3) jangan: 회화체에서 강한 금지 표현을 나타낼 때 사용합니다.

- **Jangan**! 하지마!
- **Jangan** terlambat! 지각하지 마세요!
- **Jangan** cuci baju di sini! 여기서 옷을 빨지 마세요!

✎ 요청 · 권유 · 금지문에서 일반적으로 타동사의 접사 me-는 생략됩니다. 하지만 자동사의 접사 me-는 생략되지 않습니다.

- merokok 담배를 피우다
- menyanyi 노래를 부르다
- menari 춤을 추다

위의 동사들은 접사 me-가 붙은 동사 중 자동사에 해당하는 동사입니다. 이러한 자동사들이 요청 · 권유 · 금지문과 결합되면 다음과 같이 쓰입니다.

자동사 me- 동사

- Dilarang merokok 흡연 금지
- Minta menari di panggung. 무대에서 춤을 춰주세요.
- Jangan menyanyi di dalam kamar. 방 안에서 노래를 부르지 말아주세요.

타동사 me- 동사(me- 접사 생략)

- Jangan cuci baju di sini! 여기서 옷을 빨지 마세요!
- Tolong tulis di kertas itu. 그 종이에 써주세요.
- Coba masak masakan Korea. 한국 음식을 요리해보세요.

Berbicara

20-3

Yura: Kak, tolong panggil taksi! Saya tidak ada pulsa.
Hadi: Sudah, taksi akan datang dalam 10 menit.

Hadi: Boleh saya pakai komputermu? Komputer saya ada di kampus.
Yura: Boleh, tapi jangan download file banyak, ya.
Hadi: Okei, silakan. Taksinya sudah datang.
Yura : Baik, sampai nanti!

Yura: 오빠, 택시 좀 불러줘! 나 휴대폰 요금이 없어.
Hadi: 불렀어, 택시는 10분 이내에 올 거야.

Hadi: 네 컴퓨터 좀 써도 될까? 내 컴퓨터는 학교에 있어.
Yura: 괜찮아, 하지만 파일을 많이 다운로드 받지는 말아줘.
Hadi: 알았어, 어서 가. 택시 벌써 왔어.
Yura : 응, 나중에 봐!

Latihan

1 다음을 듣고 빈칸을 채워보세요. 20-4

1

2

3

4

5

2 다음 상황에 맞는 요청/권유/금지문을 작성하세요.

1 금연 구역에 흡연 금지를 명시할 때

2 친구에게 음식을 먹어보라고 권유할 때

3 어머니가 자녀에게 늦게 들어오지 말라고 이야기할 때

4 학생이 교무실에 노크하여 선생님께서 들어와도 좋다고 하실 때

3 다음 문장에서 틀린 부분을 찾아 바르게 고치세요.

1 Dilarang rokok di sini.

2 Silakan membaca buku dari sini.

3 Tolong mencuci piring.

4 Jangan nyanyi dan tari di sini.

Appendix

해답

PELAJARAN 01

1

1 Saya orang Korea.
2 Budi, Selamat hari ulang tahun.
3 Mereka adalah mahasiswa di Universitas Indonesia.
4 Senang berkenalan dengan Anda.
5 Anda berasal dari mana?

2

1 Selamat siang.
2 Nama saya Yura.
3 Saya berasal dari Seoul, Korea.
4 Sama-sama. / Kembali.

3

1 Beliau adalah orang Tiongkok.
2 Kami adalah orang Indonesia.
3 Kita adalah karyawan di PT Parmasi Korea.
4 Ibu Dewi adalah (seorang) guru bahasa Indonesia.
5 Bapak Budi adalah (seorang) bangkir di Bank Korea.

4

안녕하세요.
저는 데위입니다.
저는 한국 출신입니다.
저는 한국인입니다.
저는 인도네시아어 선생님입니다.
여러분과 알게 되어서 반갑습니다.
감사합니다.

PELAJARAN 02

1

1 Ibu ini adalah guru bahasa Indonesia kita.
2 Beliau bukan seorang karyawan di PT Samsung.
3 Buku itu buku bahasa Tiongkok.
4 Saya bekerja di Bank Indonesia sebagai bankir.
5 Kami mahasiswa di Universitas Indonesia.

2

1 Apa kabar?
2 Anda bekerja di mana?
3 Dia adalah seorang guru?
4 Tidak apa-apa.

3

1 Beliau adalah seorang guru bahasa Indonesia.
2 Kami bukan orang Amerika.
3 Kita bukan guru di SMA negeri 7.
4 Dia adalah seorang ibu rumah tangga.

4

1 Buku ini adalah buku bahasa Inggris.
2 Ibu itu adalah guru saya.
3 Ini adalah buku bahasa Korea.
4 Buku itu bukan buku bahasa Jepang.

5

A: 안녕하세요. 잘 지내세요?
B: 안녕하세요, 전 잘 지내요. 잘 지내세요?
A: 저도 잘 지내요.
B: 당신은 어디에서 일하나요?
A: 저는 한국 병원에서 일합니다.
B: 당신은 의사인가요?
A: 네, 저는 의사입니다.

PELAJARAN 03

1

1 Meja itu tidak baru.
2 Mal Indonesia ada di mana?
3 Saya ada di sebelah kanan guru bahasa Indonesia.
4 Bapak Kim berasal dari Seoul, Korea.
5 Kami kembali ke Korea.

2

1 Adit bukan orang Paris.
2 Kita tidak pergi ke sekolah.
3 Ibu berbelanja di mal.
4 Yura (adalah) suster di Rumah Sakit Indonesia.
5 Di atas meja saya tidak bersih.

3

1 Anda (pergi) ke mana?
2 Dia (berasal) dari mana?
3 Grand Indonesia (ada) di mana?
4 Mereka berangakt dari mana?
5 Hari ini ada kelas bahasa Indonesia?

4

유라: 부디, 넌 어디에 살아?
부디: 난 남부 자카르타에 살아, 넌?
유라: 난 북부 자카르타에 살아. 어, 아딧 어디서 오는 길이야?
아딧: 나 나갔다 왔어. 너넨 어디가?
부디: 우리는 도서관에 가.

PELAJARAN 04

1

1 Budi dan Adik membaca koran hari ini.
2 Ibu saya mengajar bahasa Korea.
3 Adikku tidak belajar bahasa Jepang.
4 Saya punya penghapus, penggaris, pensil, dan bolpoin di kotak pensil.
5 Adikmu bertanya di dalam kelas.

2

1 Anda punya saudara?
2 Kotak pensil ini punya siapa?
3 Dia punya tasmu?
4 Ya, kelas itu ini memiliki papapn tulis.

3

안녕하세요 모두들. 여러분과 만나서 반갑습니다. 저는 주디이고 유라의 여동생이에요. 저는 자카르타 8 공립 중학교 2학년 학생입니다. 우리 교실에 대해 묘사해 볼게요.
우리 교실에는 20개의 책상과 의자가 있습니다. 20개의 책상과 의자는 교실의 가운데에 있습니다. 책상 앞에는 칠판 하나가 있고, 우리의 선생님은 보통 거기에서 가르치십니다. 인도네시아 지도와 농구공, 그리고 책장이 우리 교실의 뒤에 있습니다. 선생님의 왼편에는 창문이 있습니다. 책상과 의자의 오른쪽 옆에는 출입문이 있습니다.
우리 교실은 어떤가요? 묘사해 보세요!

1 Judi mempunyai seorang kakak perempuan.
2 20 buah meja dan kursi ada di tengah kelas.
3 Di sebelah kanan meja dan kursi ada pintu masuk.
4 Biasanya guru mengajar di depan di dalam kelas.

PELAJARAN 05

1

1 Saya tidak punya kakak perempuan.
2 Nama adik saya Judi.
3 Paman Anda bekerja di mana?
4 Kakek dan nenek saya tinggal di Surabaya, Indonesia.
5 Wanita itu bukan keponakan saya.

2

1 Siapa nama Anda?
2 Anda berasal dari mana?
3 Saya bekerja di PT Moonyerlim.
4 Saya tinggal di Seoul, Korea.
5 Saya juga.

3

> 제 이름은 아딧이고, 인도네시아의 반둥 출신입니다. 저의 가족에 대해 소개하겠습니다. 저의 부모님은 인도네시아의 반둥에서 태어나셨고 우리는 지금 반둥에 살고 있습니다.
> 우리 가족 구성원은 네 명으로 저희 부모님과 한 명의 형 그리고 저입니다. 아버지께서는 반둥은행에서 일하십니다. 그분은 15년간 그곳에서 일하셨습니다. 어머니께서는 가정주부이십니다. 어머니께서는 인도네시아 요리를 만드는 것을 좋아하십니다. 저의 형의 이름은 아구스이고 22살입니다. 저의 형은 남한대학교에 다니고 있습니다. 그의 전공은 컴퓨터입니다. 저의 형은 똑똑하고 항상 부지런합니다. 저는 반둥 1 공립 고등학교를 다닙니다. 저도 열심히 공부합니다.

1 Kelaurga adit tinggal di Bandung, Indonesia.
2 Ayah adit bekerja di Bank Bandung.
3 Jurusan kakak adit adalah komputer.
4 Ibu Adit suka memasak masakan Indonesia.

PELAJARAN 06

1

1 Ramadan tahun depan bulan April.
2 Bagaimana kabar orang tua Anda?
3 Kenapa adikmu tidak datang hari ini?
4 Karena adikku sakit hari ini.
5 Mengapa ibu Ani makan siang di mal itu?

2

1 Karena saya akan pergi ke Indonesia bulan depan.
2 Hari ini hari apa?
3 Bulan depan bulan November.
4 Mal Seoul ada di mana? / Bagaimana bisa pergi ke mal Seoul?
5 Saya baik.

3

1 Bulan depan bulan Juli.
2 Hari ini hari Selasa.
3 Kemarin hari Senin.
4 Bukan, 2 bulan lalu bukan bulan Mei. 2 bulan lalu bulan Apri.
5 Bukan. Besok hari Rabu.
6 Besok lusa hari Kamis.
7 3 bulan lagi bulan September.
8 Bukan. Bulan depan bulan Juli.

PELAJARAN 07

1

1)
1 Kapan Ibu Arina pulang ke Korea?
2 Kelas hari ini mulai jam berapa?
3 Sekarang jam 12 kurang 10 menit.
4 Nomor HP saya 0813–987-654-321.
5 Promo ini sudah selesai kemarin.

2)
1 111
2 902
3 7019
4 38
5 8461

2

1 Kapan kita bisa makan bersama?
2 Sekarang jam 3 seperempat.
3 Hari ini tanggal 9.
4 Kapan Atasan Anda pergi ke Indonesia?

3

1 (1) jam 11 lewat 50 menit
(2) jam 12 kurang 10 menit
2 (1) jam 3 lewat 30 menit
(2) jam setengah 4
3 (1) jam 6 lewat 45 menit
(2) jam 6 tiga perempat
(3) jam 7 kurang seperempat
4 (1) jam 7
(2) jam 7 tepat
5 (1) jam 8 lewat 15 menit
(2) jam 8 seperempat

PELAJARAN 08

1

1 Saya berapat di ruang rapat dengan rekan saya.
2 Harga baju ini berapa?
3 Saya punya sebuah rumah di Jakarta.
4 Saya belajar bahasa Belanda sejak saya SMA.
5 Saya mau pesan 2 piring nasi goreng dan 1 gelas air putih.

2

1 Ongkos bus di Seoul 1.500 won.
2 Saya belajar bahasa Indonesia sejak bulan lalu.
3 Saya belajar bahasa Indonesia selama 1 bulan.
4 Biaya tiket pesawat dari Seoul ke Jeju kira-kira 100.000 won.
5 Dari Seoul ke Busan memakan waktu 3 jam naik KTX.

3

1 Berapa harga baju ini?
2 Kapan Anda mulai bermain sepak bola?
3 Berapa tahun Anda belajar bahasa Inggris?
4 Ongkos taksi Rp 350.000.
5 Ibu saya memasak makan malam 1 jam.

4

1 Saya belajar bahasa Tiongkok selama 3 tahun.
2 Adik saya bermain piano sejak pelajar SMA.
3 Harga 2 buah buku itu Rp 100.000.
4 Biaya tiket Rp 5.000.000.

PELAJARAN 09

1

1 Orang tua saya sedang memasak di dapur.
2 Sore ini ibu akan berbelanja di pasar.
3 Saya sedang tidak membersihkan rumah.
4 Nanti kakak saya akan mencuci piring.
5 Saya tidak merapikan lemari baju selama 2 minggu.

2

1 akan
2 mau
3 mau
4 mau
5 sedang

3

1 Adik dia bangun jam setangah 10.
2 Keluarga mereka membersihkan rumah. Ayah dia membershikan kamar-kamar. Ibu dia merapikan dapur dan dia membersihkan kamar mandi. Adik dia membuang sampah.
3 Ibu pergi ke pasar untuk memasak makan malam.

PELAJARAN 10

1

1 Atasan saya sudah mengirim e-mail kepada saya.
2 Bapak Justin belum menandatangani surat itu.
3 Yura masih belum membuat presentasi itu.
4 Adit akan mengerjakan PR malam ini.
5 Hari ini dia tidak masuk kantor karena dia bercuti selama 3 hari.

2 〈예시〉

1 Ya, saya sedang belajar bahasa Indonesia.
2 Tidak, saya tidak akan pergi ke mal nanti.
3 Saya sudah punya buku bahasa Indonesia.
4 Saya belajar bahasa Indonesia sudah 3 bulan.
5 Sudah, saya sudah sarapan.

3

1 Dia sedang belajar di Universitas Jakarta.
2 Kerena mereka semua belajar dengan rajin dan guru bahasa Indonesia mereka juga baik.
3 Mereka akan berwisata ke Bali.
4 Karena Yura harus pulang ke Jepang.

PELAJARAN 11

1

1 Apakah Anda sudah membersihkan rumah?
2 Anda suka masakan Jepang?
3 Saya tidak suka menonton film horor.
4 Saya bermain sepak bola seminggu sekali.
5 Kita suka makan siang di restoran Indonesia.

2 〈예시〉

1 Ya, saya suka berolahraga.
2 Saya berolaharga di dekat sungai Han.
3 Saya berolahraga seminggu 2 kali.
4 Saya berolahraga dengan teman-teman saya.
5 Karena saya bisa menghilangkan stres.

3

1 Hobi kakak laki-laki dia lari.
2 Karena setiap hari Minggu jalan itu tidak ada mobil dari jam 6-11 pagi.
3 Tidak, ibu tidak suka lari. Ibu suka memasak.
4 Ayah dia suka membaca Korean.
5 Mereka lari seminggu sekali.

PELAJARAN 12

1

1 Mata ayah saya besar dan bibirnya tebal.
2 Dia tidak suka orang galak dan sombong.
3 Karakter kakak perempuan saya jujur dan ramah.
4 Badan saya tidak gemuk dan pendek.
5 Saya tidak boleh pulang sekarang.

2

1 tidak mau
2 bisa
3 harus
4 boleh

3 〈예시〉

1 Sifat saya ramah dan sopan.
2 Ya, hidung saya mancung.
3 Saya sakit kepala waktu ada banyak tugas.
4 Guru bahasa Indonesia saya ramah, sabar, dan baik hati.

PELAJARAN 13

1

1 Buku bahasa Inggris ini sangat sulit dan tebal.
2 Mantel baru dia tebal tetapi tidak mahal.
3 Kamar ibu saya luas dan terang sekali.
4 Berapa sering Anda membaca buku novel?
5 Hadi bertemu dengan pacarnya tiga kali seminggu.

2

1 Celana dia terlalu mahal.
2 Keluarga kami berjalan-jalan ke luar negeri 3 kali setahun.
3 Atasan saya selalu ramah dan baik hati.
4 Saya sering makan siang di kantin dengan teman-teman.
5 Jin adikku tua, kecil, dan kotor.

3

1 Dia adalah seorang anggota komunitas baca buku di kampus.
2 Mereka bertemu 2 kali sebulan.
3 Mereka harus membaca sebuah buku dalam 2 minggu.
4 Karena kemarin dia sudah membaca buku esai kemarin. Jadi kali ini dia ingin membaca tipe buku yang lain.

PELAJARAN 14

1

1 Saya lebih suka warna merah daripada warna hitam.
2 Saya paling suka ragu ini di antara lagu Korea.
3 Buku bahasa Indonesia sama mudah dengan buku bahasa Korea.
4 Gedung itu tidak setinggi gedung ini.
5 Anda paling suka musim apa?

2

1 Rok merah lebih panjang daripada rok hitam.
2 Makanan apa paling enak bagi Anda?
3 Makanan ini kurang pedas dan enak bagi saya.
4 Dia paling pintar di antara kita.
5 Ruang tamu ini sama terang dengan kelas itu.

3 〈예시〉

1 Saya paling suka warna merah.
2 Tidak. Ongkos tiket pesawat lebih mahal daripada ongkos bus.
3 Ya, saya sama suka makanan pedas dengan makanan manis.
4 Ya, musim gugur kurang dingin daripada musim dingin.

4 〈예시〉

1 Kopi lebih pahit daripada teh.
2 HP itu lebih mahal daripada buku itu.
3 Celana lebih bersih daripada rok.
4 Apel lebih enak daripada tomat.
5 Musim panas lebih panas daripada musim dingin.

5

1 pada
2 bagi
3 kepada
4 pada
5 bagi

PELAJARAN 15

1

1 Ayah saya pulang waktu saya makan malam dengan ibu saya.
2 Saya membaca buku sambil mendengarkan musik.
3 Saya mencuci baju sesudah membersihkan rumah.
4 Kita pulang kerja sesudah berapat.
5 Saya paling suka musim gugur karena tidak panas.

2 〈예시〉

1 Cuaca hari ini cerah dan panas.
2 Saya paling suka musim panas karena bisa berjalan-jalan ke pantai.
3 Korea memiliki 4 musim, yaitu musim bunga, musim panas, musim gugur, dan musim dingin.
4 Saya berangkat kerja sesudah sarapan.
5 Cuaca di Busan hari ini juga cera dan panas seperti cuaca di Seoul.

3

1 Ibu berbelanja di pasar sebelum memasak makan malam.
2 karena ibu tidak membawa payung.
3 Hujan berhenti tidak lama kemudian.
4 Ibu pulang ke rumah.

PELAJARAN 16

1

1 Kafe itu buka jam 9 setiap hari.
2 Saya tidak mau ikut acara siang itu.
3 Saya tidak kenal ibu Kim karena belum pernah bertemu.
4 Saya tahu restoran Korea itu.
5 Kita suka makan di restroran Korea itu.

2

1 pulang
2 minum
3 berangkat
4 suka
5 lahir

3

1 Saya tahu cuaca di Seoul hari ini.
2 Anda pergi ke mana sekarang?
3 Dia masih ingat teman lama itu.
4 Ibu sudah pulang ke rumah.
5 Polisi minta nomor paspor dia.

PELAJARAN 17

1

1 Kita tidak bertemu dengan ibu Dewi.
2 Ibu saya akan berbelana di pasar sebelum memasak makan malam.
3 Adik saya bersedih waktu mendengar berita sedih itu.
4 Dia tidak berkeringat karena dingin.
5 Ibu saya berambut panjang dan berbadan tinggi.

2

1 minum
2 datang / berangkat
3 belajar
4 bekerja
5 berjalan-jalan

3

paspor / tiket / berapa buah / saja / jendela / jendela

PELAJARAN 18

1

1 Saya membuka pintu itu.
2 Ibu saya akan menarik uang di ATM.
3 Saya harus transfer uang itu sampai besok.
4 Adik saya mempunyai 5 buah buku tabungan.
5 Pembukaan acara itu mulai sebentar lagi.

2

cat	mengecat	tulis	menulis
cari	mencari	panggil	memanggil
putih	memutih	ambil	mengambil
kali	mengali	isi	mengisi
dua	mendua	masak	memasak

3

mengebom	bom	merawat	rawat
mengajar	ajar	menyoal	soal
mencukur	cukur	membuat	buat
menjadi	jadi	melebar	lebar

4

1 학생들은 교실에서 인도네시아어 공부하는 것을 좋아합니다.
2 오늘밤에 어머니께서는 인도네시아 요리를 하실 겁니다.
3 저는 한국 음식을 매우 좋아합니다.
4 그 독자는 그 소설책 작가에게 편지를 쓰고 있습니다.
5 그 무용수는 혼자서 춤을 추는 데에 능합니다.

PELAJARAN 19

1

1. Pipi anak saya memerah karena malu.
2. Kita harus mengepel setelah menyapu kelas ini.
3. Saya tidak bisa membeli mobil baru itu karena mahal.
4. Saya akan mengajak teman saya.
5. Saya tidak perlu membuka pintu.

2

1. membaca
2. berbaju
3. memanggil
4. menabung
5. memasak

3

1

me-동사	어근	me-동사	어근
memiliki	milik	menyelam	selam

2 Raja Ampat dikenal sebagai salah satu lokasi menyelam dan snorkeling terbaik di dunia.

3 〈예시〉

Pulau Jeju merupakan salah satu tempat wisata yang terpopuler di Korea. Pulau ini pernah dijadikan sebagai lokasi syuting drama maupun film. Ada banyak tempat wisata yang kita harus kunjungi di pulau ini. Pulau Jeju memiliki cuaca hangat sepanjang tahun dan pada musim dingin jarang turun salju, sehingga kapan saja bisa mengunjungi untuk menikmati keindahan pulau Jeju.

PELAJARAN 20

1

1. Tolong masuk kantor sampai jam 9 pagi.
2. Jangan merokok di sini. Di sini dilarang rokok.
3. Silakan lihat dulu, toko kami ada banyak barang baru sekarang.
4. Tidak boleh baca buku di sini.
5. Minta maaf, Saya tidak akan terlambat lagi.

2

1. Dilarang merokok.
2. Silakan makan.
3. Jangan terlambat.
4. Silakan masuk.

3

1. Dilarang merokok di sini.
2. Silakan baca buku dari sini.
3. Tolong cuci piring.
4. Jangan menyanyi dan menari di sini.

출판사, 저자, 강사, 독자가 공존하기 위한 문예림 정책
평등한 기회와 공정한 정책으로
올바른 출판문화를 이끌도록 하겠습니다.

저 자

1 도서의 판매부수에 따라 인세를 정산하지 않습니다.

우리는 도서 판매여부와 관계없이 초판, 증쇄 발행 후 30일 이내 일괄 지급합니다. 보다 좋은 콘텐츠 연구에 집중해주십시오. 판매보고는 반기별로, 중쇄 계획은 인쇄 60일 전 안내합니다.

2 도서 계약은 매절로 진행하지 않습니다.

매절계약은 불합리한 계약방식입니다. 이러한 방식은 저자들의 집필 의욕을 저해시키며, 결국에는 생존력 짧은 도서로 전락하고 맙니다.

3 판매량을 기준으로 절판하지 않습니다.

판매량에 따라 지속 판매 여부를 결정하지 않으며 전문성, 영속성, 희소성을 기준으로 합니다.

강 사

1 동영상강의 콘텐츠 계약은 매절로 진행하지 않습니다.

우리는 강사님의 소중한 강의를 일괄 취득하는 행위는 하지 않으며, 반기별 판매보고 후 정산합니다.

2 유료 동영상강의 인세는 콘텐츠 순 매출액의 20%를 지급합니다.(자사 사이트 기준)

우리는 가르침의 의미를 소중히 알며, 강사와 공존을 위하여 업계 최고 조건으로 진행합니다.

3 판매량에 따라 동영상강의 서비스를 중단하지 않습니다.

판매량에 따라 서비스 제공 여부를 결정하지 않으며 지속가능한 의미가 있다면 유지합니다. 전문성, 영속성, 희소성을 기준으로 합니다.

독자 및 학습자

1 도서는 제작부수에 따라 정가를 정합니다.

적절한 정가는 저자가 지속적인 연구할 수 있는 기반이 되며, 이를 통해 독자와 학습자에게 전문성 있는 다양한 콘텐츠로 보답할 것입니다.

2 도서 관련 음원(MP3)은 회원가입 없이 무료제공됩니다.

원어민 음원은 어학학습에 반드시 필요한 부분으로 아무런 제약 없이 자유롭게 제공합니다. 회원가입을 하시면 보다 많은 서비스와 정보를 얻으실 수 있습니다.

3 모든 콘텐츠는 책을 기반으로 합니다.

우리의 모든 콘텐츠는 책에서부터 시작합니다. 필요한 언어를 보다 다양한 콘텐츠로 제공하도록 하겠습니다.